FRANÇOIS-ANTOINE BERTHEREAU

AVOCAT A BELLÊME

ET

LA DUCHESSE DE BEAUVILLIERS

POUR

SERVIR A L'HISTOIRE DU PERCHE

Dans un certain cabinet, occupé présentement par un médecin, rue d'Alençon, à Bellême, vivait, voilà cent ans, François-Antoine Berthereau, avocat. Au dire des hommes qui, ayant vu le siècle dernier, ont pu parcourir un peu du siècle présent, gens de sens et très croyables, l'avocat Berthereau était homme d'esprit et de savoir. Nous n'hésitons pas à nous ranger à cet avis, en considérant la carrière d'honneurs que parcourut Berthereau dans l'espace de peu d'années. En consultant de vieux titres, nous trouvons notre avocat jeune devenu conseiller du roi :

> « Aujourd'huy vendredi 29 février 1766, l'hôtel de ville assemblé dans les personnes de M. René Perrier, écuyer, sieur du Hannoy, maire ; Joseph-Pierre-Philbert Petigars, sieur de la Garenne ; Jean-René de Fontenay, chevalier de l'ordre royal et militaire de Saint-Louis, eschevin ; Antoine Meissonier ; François-René *Berthereau, conseiller;* Thomas-Nicolas Chartier ; Antoine Mareau, sieur du Génelay, notables... »

Le 10 octobre 1769, Berthereau cumule, car il est avocat en parlement, conseiller du roi et son procureur en la maîtrise particulière des eaux et forêts, premier échevin. Ceci résulte d'une délibération des notables réunis pour une élection.

Le mois suivant marque dans la vie de Berthereau ; il est proposé pour la haute position de maire. Nous reproduisons en son entier le texte de la présentation, de même que nous donnerons plus d'une fois plusieurs pièces de cette nature, afin que le lecteur percheron ait le moyen de connaître le rouage de nos anciennes institutions, et de les comparer avec celles de notre temps.

« Aujourd'huy vendredy dixième de novembre mil sept cent soixante-neuf, devant nous Claude Girey, sieur du Homme, conseiller du roy, lieutenant général civil et criminel, commissaire enquesteur, examinateur au bailliage du Perche à Bellême, en l'auditoire royal de cette ville, à défaut d'hôtel de ville. — En conséquence des billets d'invitation, sont comparus : M. Joseph-Pierre-Philbert Petigars, sieur de la Garenne, conseiller du roy, président en l'élection et maire de cette ville ; M. François-Thomas Girard, aussi conseiller du roy, lieutenant général de police de cette ville ; M. François-Antoine Berthereau, aussi conseiller du roy et son procureur en la maîtrise par-particulière des eaux et forêts de cette ville ; M. François Gueux, sieur de Champrond, aussi conseiller du roy, élu échevin ; le sieur François-Grégoire Geslain, négociant ; M. Thomas-Nicolas Chartier, conseiller du roy, contrôleur du grenier à sel ; M. Jean-André Leprince, aussi conseiller du roy, lieutenant honoraire de la dite maîtrise, conseiller ; M. Jean Petibon, prestre ; M. René Chartier de Lavye, aussi conseiller du roy, maistre particulier honoraire en la dite maîtrise ; M. Antoine Moreau, sieur du Genetay, officier chez le roy ; les sieurs Jacques Petibon, Luethomme, Lecomte, marchands ; le sieur Louis Martin des Gastines, bourgeois ; les sieurs Alfred-Pierre Heulin et Estienne Bailleul, notables ; pour procéder à la nomination d'un maire aux lieu et place du dit sieur de la Garenne, dont les fonctions doivent finir le vingt du présent mois.

» Lesquels, en présence de M. Jean Poullard, aussi procureur du roy au dit hôtel de ville, ont, par la voie du scrutin, procédé devant nous à la nomination de trois sujets pour en être choisi un par Sa Majesté, pour faire les fonctions de maire pendant trois années ; et pour le résultat duquel scrutin la pluralité des voix est tombée sur les personnes des sieurs Berthereau, premier échevin, Champrond, second échevin, Leprince, conseiller, ancien lieutenant du maire. Dont de tout nous avons décerné acte et ordonné qu'expédition des présentes sera envoyée à Monseigneur le secrétaire d'Etat ayant le département de cette province, à la diligence du dit procureur du roy ; et ont les dits sieurs comparants signé avec nous, le dit procureur du roy et notre greffier ordinaire.

» Le dit registre est signé : Girey du Homme, Leprince, Petigars de la Garenne, Berthereau, Lavye Chartier, Gueux, Martin, Girard, Petibon, prestre ; et Petibon Paty, Lecomte, Poullard, Geslain, Heulin, Estienne Bailleul et Martin. »

Cette délibération est pleine d'enseignement, et nous nous y arrêterons avec quelque complaisance.

Tout d'abord on remarque la quantité de fonctionnaires employés au gouvernement du petit Etat de Bellême : un lieutenant général civil et criminel, un président d'élection, un maire, un lieutenant général de police, un procureur en la maîtrise particulière des eaux et forêts, un contrôleur du grenier à sel, deux échevins, des notables, des conseillers du roi dont le nombre est indéterminé.

Nous sommes au lendemain de l'ancien régime, et déjà nous ignorons ce qu'étaient ces fonctionnaires, à quoi ils correspondent dans le vocabulaire des fonctionnaires de nos jours, la nature de leur mission ; éclairons un peu ce qui est obscur pour quelques-uns.

Le lieutenant général civil et criminel était un magistrat institué pour connaître et juger les affaires civiles de sa juridiction, et aussi pour connaître des crimes commis dans le ressort de la juridiction, en instruire les procès et juger les coupables.

Président d'élection. — L'élection était jadis une juridiction instituée pour connaître de l'assiette des tailles, aides et autres impositions. Les élus désignés par le peuple connaissaient de l'impôt, en fixaient le chiffre, le répartissaient. La royauté s'imposa à la nation, substitua ses agents aux élus ; il ne resta de l'institution que le nom.

Le maire était le chef des officiers de la ville et dirigeait les intérêts municipaux. Le pouvoir du maire, très étendu dans le principe, s'amoindrit beaucoup avec le temps. Au siècle dernier, nous voyons, par la délibération précédente, l'autorité du lieutenant général supérieure à la sienne ; le lieutenant réunissant les notables et présidant les élections. Les mairies furent pendant le dix-huitième siècle, époque de restriction du pouvoir municipal, créées charges fiscales, et, pour tirer plus d'argent des maires, on imagina de rendre leurs fonctions triennales.

Il arrivait souvent que personne n'avait le courage ou ne voulait prendre la honte d'acheter la charge de maire. Alors le roi s'en faisait payer le prix par la municipalité ; les villes préféraient payer, quand elles le pouvaient, et n'avoir pas de maire imposé. Lavingtrie fut le dernier qui osa acheter l'office de maire à Bellême. Malgré les services qu'il rendit au pays en le purgeant du brigandage, la colère du peuple le punit cruellement et le poussa presque jusqu'aux marches de l'échafaud.

Bellême n'eut jamais de maison mairie, ou hôtel de ville. Le maire réunissait chez lui, « *à défaut d'hôtel de ville,* » disent les procès-verbaux des délibérations, ou en l'auditoire. Cet auditoire est ce que le public appelle aujourd'hui l'audience, mot qui a la même signification. Cet auditoire devait être une ancienne salle appartenant à la maîtrise des eaux et forêts, si on en juge par un badigeon brun qui a pu être vert, essayant de reproduire une forêt. Le matériel d'un tribunal ou d'une assemblée, siége présidentiel, bancs, enceinte fermée subsistait encore récemment. Aujourd'hui Bellême a sa mairie, consistant en un réduit sombre, glacial, étroit, enfumé : six lettres noires au-dessus de la porte l'apprennent au public. Il faut croire l'enseigne sur parole.

Le lieutenant général de police avait à peu près les attributions du commissaire de police actuel.

Le procureur en la maîtrise des eaux et forêts était l'un des officiers de l'administration forestière, composée d'un maître, d'un lieutenant, d'un procureur du roi, d'un garde marteau.

L'échevin eut, dans un temps, un pouvoir judiciaire et des attributions assez étendues ; au siècle dernier, il n'était plus que l'assistant du maire.

Le titre de conseiller du roi était devenu une désignation honorifique accordée facilement à des fonctionnaires.

Les notables étaient, au siècle dernier, les conseillers municipaux d'aujourd'hui. L'institution municipale avait été profondément modifiée par Louis XIV. Le peuple ne traitait plus directement ses affaires en l'auditoire; il élisait ses représentants. Chaque corporation avait son notable : boulangers, marchands, tailleurs, serruriers, maréchaux, laboureurs, médecins, chirurgiens, etc., avaient chacun le leur.

On remarque dans la précédente délibération que l'assemblée réunie, pour une désignation de maires candidats, se composait de dix membres fonctionnaires et seulement de six notables. Le nombre des notables chargés des intérêts de leurs concitoyens était plus nombreux. Dans l'occurence, quatre notables manquaient à la réunion.

L'élection se faisait en présence de Jean Poullard, procureur du roi, autre officier dont les fonctions différaient peu de celles du procureur impérial de notre temps.

Notons bien, afin de comparer avec nos élections actuelles, cette triple présentation à la désignation du roi qui nomme pour trois ans.

Revenons à Berthereau dont nous nous sommes écarté avec intention, en présence de considérations nécessaires.

Le choix du maire et la nomination de Berthereau ne se fit pas attendre. Dès le mois suivant le roi donnait sa signature à la désignation de Berthereau par le libellé suivant :

> « De par le Roy,
>
> » Sa Majesté ayant vu l'acte d'assemblée des principaux habitants et officiers municipaux de Bellême, du dix novembre dernier, conformément à l'édit de juillet 1766, en exécution duquel ils auraient présenté trois sujets pour remplir les places de maire, et Sa Majesté étant informée de la bonne conduite et intelligence du sieur Berthereau, elle a fait le choix de sa personne pour, pendant trois ans, exercer les fonctions de maire de Bellême, voulant qu'il jouisse en cette qualité des honneurs, rang et séances qui y sont attribués, après toutes fois qu'il aura prêté le serment dont il est tenu en la forme prescrite par l'édit de juillet 1766.
>
> » Fait à Versailles, le ... décembre 1760. »

Signé : LOUIS, et plus bas : BERTIN.

La royauté ayant rendu vénales toutes les charges, celles de maire comme les autres, Berthereau paya-t-il sa nomination à la mairie de Bellême, et quelle somme paya-t-il ? Nous ne découvrons rien sur ce sujet. Nous estimons même que pour Berthereau, l'élection royale fut gratuite. Mais un peu plus tard nous nous heurtons contre cette plaie de la mairie fiscale à Bellême ; nous sommes heureux de constater que ce commerce de malheur ne tomba point en faveur dans notre ville. Entrons dans quelque explication.

La pièce suivante est bon renseignement.

> « 3 juillet 1772. Devant nous... auxquels nous avons donné lecture de la lettre de M. l'Intendant, en date 15 juin dernier, relative à la proposition qu'il fait à la ville d'acquérir les offices municipaux créés par édit du mois de novembre dernier moyennant la somme de treize mille deux cents livres, faisant les deux tiers de la somme fixée par les acquéreurs particuliers ; sur quoi les délibérants nous ont requis et prié d'écrire à M. l'Intendant pour lui faire connaître

l'impossibilité dans laquelle serait la ville de s'occuper de l'acquisition des dits offices municipaux n'ayant aucun fonds, ni revenu qui puissent même suffire aux dépenses journalières et indispensables, tous les revenus consistant dans une moitié d'octroi actuellement affermé deux cent dix livres; ce qui vraisemblablement diminuera au bail prochain. »

De ce document il résulte bien que, pour grossir le revenu du fisc, les charges publiques étaient vendues et à l'enchère.

Le prix de vente était très élevé; dix-neuf mille six cents livres, chiffre énorme pour ce temps;

L'exiguité des revenus de la ville rendait impossible de se libérer d'une si grosse charge.

En vertu de quel pouvoir l'Intendant qui siégeait à Alençon prenait-il sur lui de proposer à la ville le rachat des offices moyennant 13,200 livres, alors que des particuliers offraient 19,600 livres?

Car, oui, hélas! il se trouva des gens pour acheter les offices et en offrir un haut prix!

Et, à leur tour, comment s'y prenaient les acquéreurs d'offices pour rentrer dans leurs fonds d'acquisition et bénéficier sur des emplois qui leur étaient référés à courte échéance? On le devine, triste gouvernement; pauvre peuple!

D'après le dire de l'Intendant, des propositions d'acquisition lui étaient faites, était-ce un leurre? exista-t-il à sa demande un empêchement inconnu pour nous? Un fait est certain, la vente des charges ne se fit pas, nous en trouvons la preuve dans la pièce qui suivra. L'impossibilité de la vente valut à Berthereau une deuxième nomination de maire contrairement à la règle qui ne concédait la mairie que pour trois ans à la même personne.

« De par le Roy,

» Sa Majesté étant informée que les offices municipaux créés pour la ville de Bellême, par édit de novembre dernier, n'ont point encore été levés, et voulant pourvoir à la bonne administration de cette ville, Sa Majesté continue pour maire le sieur Berthereau; pour premier échevin le sieur Leprince; pour secrétaire greffier, le sieur Martin; il a nommé le sieur Petigars de la Garenne pour remplir la place de deuxième échevin, vacante par l'abandon du sieur de la Glairerie; enjoint Sa Majesté aux habitants de la ville de les reconnaître en la dite qualité jusqu'à nouvel ordre, et aux sieurs intendants et commissaires départis dans la généralité d'Alençon d'y tenir la main.

» Fait à Versailles, le 19 septembre 1772.

» Signé : Louis, et plus bas : BERTIN. »

Un seul fait à signaler dans la proclamation royale : le sieur de la Garenne, maire avant Berthereau, rentre à la mairie, par la voie d'adjoint, après trois ans, conformément au réglement.

Cette grave question de fonctions publiques, devenues charges ou offices, se continue. Dès l'année suivante, nous en trouvons la preuve :

> A Alençon, ce 17 mars 1773. Quelques officiers municipaux m'ayant écrit, Messieurs, pour savoir la conduite qu'ils devaient tenir au sujet des places vacantes dans leur hôtel de ville, par mort, abandon ou autrement, j'ai cru devoir consulter le ministre à cet égard ; il m'a mandé que les places de maire ou échevins doivent être nommées par les ordres du roi ; qu'il n'y aurait aucune nécessité de remplacer les officiers de ville dont l'exercice est expiré, parce que « les places ressemblent aux assesseurs que l'édit de » novembre 1771 a créées en charges ; » mais que les notables doivent être remplacés par voie d'élection, lorsque le temps de leur exercice est fini. »

Sous l'administration de Berthereau eut lieu une élection de notables pour la composition du conseil municipal. Elle intéresse, parce qu'elle fait connaître comment et par quelle voie la population était représentée.

‹ 22 novembre 1772. Devant nous Berthereau, etc..., à l'effet de procéder à la nomination des dix notables dont doit être composé cet hôtel de ville, pour remplacer ceux qui sont décédés dont le temps est expiré, ou enfin ceux dont les places sont vacantes, pour leurs promotions aux places de conseillers et échevins. Sont comparus les députés cy-après nommés, savoir : pour l'état ecclésiastique, Larchevêque, curé de Saint-Sauveur ; pour le siége de la maîtrise des eaux et forêts, Charles Delavie, maître particulier honoraire de la dite maîtrise ; pour le siége de l'élection, de la Garenne ; pour les chirurgiens, Bircoit, lieutenant de M. le premier chirurgien du roi ; pour les marchands d'étamine, Petibon ; pour les épiciers et merciers, Goislard ; pour les aubergistes, Gautier ; pour les menuisiers, tourneurs, Rufré ; pour les laboureurs, Bru ; pour les maréchaux et bourreliers, Angeard ;

pour les tireurs d'étaim, Albourg ; pour les sergers, Massard ; tous lesquels députés, en se conformant à l'édit de mai 1765, et en conséquence de la décision du ministre à nous adressée par M. l'intendant, au désir de la lettre du 17 mars dernier, ont procédé entre eux, par la voie du scrutin, à la nomination de dix notables ; et après que la pluralité des voix est tombée, savoir : pour l'état ecclésiastique, M. Larchevêque ; pour la noblesse, M. de Tascher ; pour les officiers du bailliage, M. Lancelin ; pour les autres juridictions royales de cette ville, M. Lavie fils ; pour la classe des communaux médecins, avocats et bourgeois vivant noblement, MM. Guillin et Petibon ; pour la classe des marchands, négociants et chirurgiens, MM. Bircoit et Billard ; pour la classe des artisans et laboureurs, les sieurs Ruel, tapissier, et Bru, laboureur ; et, après que la voix est tombée sur les dits sieurs, avons décerné acte en présence du procureur du roi. »

Ce procès-verbal est fort explicite et indique clairement le rouage de cette élection compliquée. On ne l'ignore pas, le régime des corporations était en pleine vigueur en ce temps ; chaque corporation avait son président ou délégué, la représentant.

Les délégués convoqués par le maire nommaient les notables, mais ces notables à leur tour représentaient des catégories de citoyens : clergé, noblesse, officiers, etc. Combien, avec le temps, la royauté avait modifié l'ancien suffrage direct universel ; de l'antique liberté communale il restait bien peu. Le lecteur jugera aussi de la différence qui existe entre le fonctionnement électoral actuel et celui de 1773 ; bien des réflexions pourraient, la volonté aidant, naître au bout de la plume : liberté à tous de les faire, chacun suivant son instruction et sa raison.

Un acte du 27 janvier 1777 reproduit encore le nom de Berthereau, maire. Sans doute il aura de nouveau passé par la nomination royale. En l'absence du lieutenant général, le conseil municipal est convoqué par lui. — « en la chambre du conseil de l'auditoire royal de cette ville, à défaut d'hôtel de ville. »

Dans cet acte, Berthereau conserve ses titres d'avocat en parlement, conseiller du roi et son procureur en la maîtrise particulière des eaux et forêts.

Contrairement aux règles, Berthereau continue à siéger à la mairie de Bellême pendant neuf ans. Elu en 1769, il quitte enfin en 1778, mais pour occuper une magistrature plus élevée : celle de lieutenant général civil et criminel à Mortagne.

« 9 décembre 1778. Devant nous Claude Girey... a représenté que M. François-Antoine Berthereau, actuellement lieutenant général au bailliage de Mortagne, qui était maire de cette ville, est allé demeurer à Mortagne, il est nécessaire de nommer trois sujets... pendant trois ans... Chartier, lieutenant général de police, a eu neuf voix... nommé. »

C'est dans cette position nouvelle que Berthereau, par son savoir, par sa haute intelligence, par son dévoûment, rendit au pays des services signalés dans deux circonstances extrêmement graves. Nous irons bientôt le retrouver sur le théâtre de sa gloire.

Au temps où Berthereau n'était encore qu'avocat, il se passa dans notre pays du Perche un événement qui a été assez peu remarqué, et qui avait pourtant son importance. Berthereau prit en cette circonstance la défense des intérêts généraux compromis ; son zèle fut grand, son courage au niveau de l'événement, et sans doute la position qu'il tint alors lui valut devant ses concitoyens pour obtenir bientôt la mairie de Bellême, qu'il garda neuf années malgré les réglements, et plus tard la lieutenance de Mortagne.

Ceux qui connaissent l'histoire de notre province n'ignorent pas que la génération de nos anciens comtes des Yves, des Talvas, des Robert, des Rotrou, s'éteignit dans la personne de Guillaume, et que le comté du Perche fut réuni à la couronne, le roi Louis VIII régnant, 1226. Son fils, Louis IX, le donna en apanage à Pierre, l'un de ses enfants, le cinquième ; et depuis lors, le comté fut donné en jouissance pendant plus de trois siècles à un membre de la famille royale. Le dernier comte du Perche fut un Valois : François, le dernier fils de Henri II, l'indigne fils de l'indigne Catherine, l'indigne frère de l'indigne Henri III. François mourut peu après sa perfide équipée d'Anvers, où il avait entraîné à sa suite la noblesse percheronne, et entre les bras d'une courtisane, sa consolation. Nous répétons la chronique.

Le comté du Perche, réuni de nouveau à la couronne, n'en fut distrait que par Louis XV qui, en 1771, le donna en apanage à Louis-Stanislas-Xavier, comte de Provence, lequel fut roi sous le nom de Louis XVIII, en 1814. Voilà ce que dit l'histoire du Perche.

De rares curieux ont connaissance que ceci n'est pas toute l'histoire ; qu'en 1768 se présenta un incident qu'il faut qualifier d'étrange, pour ne pas dire plus. Cette même année le domaine de Bellême fut donné à une femme, à la duchesse de Beauvilliers, par Louis XV. Le mot donné est bien le nom propre dont il faut se servir, quoique le mot échange soit prononcé dans l'acte royal. L'échange du beau domaine de Bellême contre deux petites localités qui n'ont pas d'état géographique, localités perdues quelque part, n'est pas sérieux.

Les constitutions du royaume voulaient que nulle distraction fut faite du domaine de la couronne. Le roi pour éluder la loi, usa du subterfuge échange qui n'était qu'une fiction.

Qu'était donc cette duchesse de Beauvilliers à laquelle le roi faisait une pareille générosité? Cette largesse récompensait, quoi? La duchesse veuve de Paul-Louis de Beauvilliers était-elle jeune et jolie? Il est compromettant pour une femme d'être l'objet des attentions d'un Louis XV. Les Beauvilliers furent nombreux ; celle-ci, née Charlotte-Suzanne des Nos, était nièce de l'austère duc de Beauvilliers, ami de Fénélon, précepteur ou gouverneur du Dauphin, président sous Louis XIV du conseil des finances. La famille jouissait d'une réputation d'honneur et de probité.

Ce n'est pas le domaine de Bellême seul qui était concédé à la duchesse de Beauvilliers ; le roi y ajoutait la baronnie de Saonnois et la châtellenie de Pray, au Maine. L'échange comprenait toutes les appartenances et dépendances, les droits de haute, moyenne et basse justice.

L'annonce de cette mutation produisit dans Bellême une vive sensation. Suivant un vieux proverbe : mieux est d'avoir affaire à Dieu qu'à ses saints. L'exercice du pouvoir royal tel qu'il existait, était connu et accepté; comment serait-il remplacé? L'inconnu amène les craintes et les défiances. Et puis, combien d'intérêts particuliers pouvaient être compromis, de fonctionnaires supprimés?

L'avocat Berthereau se fit l'interprète de l'émotion générale, en adressant un mémoire au roi sur ce changement. Le mémoire très long, trop long même, sentant le Palais, mais le palais de jadis, est écrit en termes contenus et respectueux ; la modération a toujours ses avantages. Berthereau possède bien son sujet; il le manie habilement. Nous considérons comme une insigne bonne fortune d'avoir rencontré le mémoire, peut-être l'unique qui existe et de pouvoir le reproduire. Il constate un fait connu; puis il renferme quelques détails sur lesquels il faudra bien s'arrêter un instant, parce qu'ils donnent la connaissance d'usages anciens qui, s'éloignant de nous, sont presque oubliés.

La bienveillance parfaite de M. Manceau, conservateur à la bibliothèque du Mans, nous vaut ce précieux document historique qui, à dire vrai, nous a suggéré la pensée de cette étude.

MÉMOIRE

POUR LES OFFICIERS DU BAILLIAGE ROYAL DE BELLÊME

relativement au contrat d'échange entre le roi et Mme la duchesse de Beauvilliers

Il a plu au roi d'acquérir par la voie d'échange, les terres et seigneuries de Courtoux et de Corbechet, appartenantes à madame la duchesse de Beauvilliers, et de lui donner en contre échange le domaine de Bellême au Perche, sous le titre de Comté, à la charge de relever de lui, à cause de son comté du Perche ; la baronnie de Sonnois et la châtel-tellenie de Pray, au Maine, avec toutes leurs appartenances et dépendances, notamment les droits de haute, moyenne et basse justice, avec faculté de la faire exercer en son nom, par par les officiers qui seront par elle institués, après toutefois que les officiers qui ont titres et possessions pour l'exercer au nom de sa majesté auront été par elle dédommagés. Le contrat en a été passé devant L'homme et son confrère, notaires au Châtelet de Paris, le neuf août 1768 ; MM. de Beaumont, intendant des finances, de l'Averdy, contrôleur général, et Cochin, aussi intendant des finances, y ont stipulé pour et au nom de sa Majesté comme commissaires députés à cet effet, par arrêt du conseil d'Etat du roi, en date du 22 juillet précédent : il y a eu des lettres patentes, portant ratification du contrat, expédiées dans le cours du même mois d'août et le tout a été registré au Parlement dès le sept septembre suivant.

Les officiers du baillage de Bellême ont ignoré cette opération jusqu'au mois de septembre dernier, qu'il est venu sur les lieux une députation de la chambre des comptes de Paris, pour procéder aux évaluations du domaine de Bellême, et de la justice en dépendante.

On conçoit assez la sensation qu'a dû faire dans la principale contrée d'une petite province, accoutumée à vivre depuis tant de siècles sous la mouvance immédiate de la couronne, un événement qui leur enlève le seul titre de distinction qui lui restât de son ancienne célébrité ; et s'il entrait dans les intentions de Sa Majesté de conserver son comté du Perche, et d'aliéner seulement une portion du domaine direct et utile de cette province, on ne devait pas naturellement s'attendre à voir tomber l'aliénation sur la ville de Bellême, qui dans tous les temps et dans toutes les circonstances a toujours joui des prééminences de la capitale du Perche, dont le château a toujours été regardé comme la principale portion de la glèbe du comté du Perche, encore bien qu'il y ait eu dans tous les temps des mouvances particulières assignées aux châteaux de Mortagne et de la Perrière, qui, avec celles attachées au château de Bellême, forment un corps de seigneuries, divisé en trois châtellenies, connu depuis plusieurs siècles sous le titre de comté du Perche. Au reste, il n'appartient pas plus aux officiers du baillage de Bellême, qu'aux habitants de leur ressort, de vouloir pénétrer les vues supérieures qui ont pu déterminer le roi et son conseil à approprier madame la duchesse de Beauvilliers, du domaine de Bellême; d'ailleurs en cessant d'être vassaux directs de Sa Majesté, ils ne cessent pas pour cela d'être ses sujets; et ce titre flatteur qu'ils ne perdront jamais leur donnera toujours les mêmes droits à ses bontés; l'espoir même d'acquérir une puissante protectrice pour les obtenir, dans la nouvelle dame de leur châtellenie, est un adoucissement à la plaie que ce coup imprévu leur a faite, et les traits de bienfaisance et de dignité, sous lesquels l'ont caractérisée dans la province ceux qui ont l'avantage de la connaître, ne permettent pas de croire que le domaine de Bellême pût tomber en de meilleures mains, dès qu'il plaisait à Sa Majesté de le désunir de sa couronne.

Cependant quels que soient les dédommagements que puissent se promettre les officiers du bailliage de Bellême et leurs justiciables, de la bonne volonté et du crédit de madame la duchesse de Beauvilliers, ils ont à réclamer un intérêt supérieur à tant, et sur lequel ils ne peuvent rester muets, sans manquer à leur état et à la confiance de leurs justiciables de leurs concitoyens, dont ils sont les organes en cette partie, la conservation de leur vie et de leurs biens, le maintien du bon ordre et de la tranquillité publique : avantages inappréciables dont on ne jouit pas ailleurs que dans le sein d'une juridiction royale, et qu'on voit bientôt s'évanouir toutes les fois que l'administration de la justice vient à être confiée aux soins d'un seigneur particulier.

Ces motifs sont assez vifs et assez pressants pour croire que madame la duchesse de Beauvilliers pardonnera à tous ses vassaux les vœux ardents qu'ils forment pour la conservation de la justice entre les mains du roi, d'autant qu'on va lui faire connaître qu'il est de son propre intérêt de voir accomplir leurs désirs; et les officiers du bailliage de Bellême, qui se proposent d'adresser des remontrances à cet égard au chef auguste de la magistrature du royaume, osent espérer qu'elles en seront favorablement accueillies, et qu'il voudra bien leur obtenir du roi une décision, qui non-seulement explique la clause du contrat d'échange fait en son nom avec madame la duchesse de Beauvilliers, relativement à la cession des droits de la haute justice dans toute l'étendue du domaine de Bellême, mais même qui la révoque en entier ; ils se flattent aussi que les magistrats supérieurs de la cour, témoins journaliers de la fidélité et de l'exactitude qu'ils apportent dans leurs foncttons, voudront bien leur tendre une main secourable en cette circonstance. Ils attendent avec la même confiance de la justice de MM. les commissaires, dépositaires spéciaux de la confiance de Sa Majesté, pour la consommation de l'échange dont il s'agit, qu'ils n'apporteront aucun obstacle au succès d'une tentative dirigée par des intentions aussi pures et si conformes aux vues du bien public, dont ils sont sans cesse occupés.

§ Ier

Raisons qui peuvent et doivent déterminer à conserver la haute justice entre les mains du roi

Les motifs de détermination doivent sans doute se puiser, en pareil cas, dans la qualité du lieu où la justice royale est établie, dans sa position, son ancienneté, l'étendue du ressort de la juridiction, enfin dans l'avantage ou l'inconvénient qu'il peut y avoir à conserver la justice entre les mains du roi ou à laisser subsister la cession qu'il en a faite à madame de Beauvilliers.

Or, en entrant dans le détail de toutes ces différentes considérations, chacune d'elles sollicite également la conservation de la justice en son état actuel.

Si on examine la qualité du lieu et son antiquité, on verra que la ville de Bellême est la plus ancienne et la principale ville de la province ; quoique Mortagne soit un peu plus considérable aujourd'hui en nombre d'habitants, et qu'à ce titre seul elle se soit établie la rivale de Bellême pour lui contester la prééminence, il n'est pas moins certain que Bellême était regardée comme la capitale de la province et une ville de la première distinction (1), près de cinq siècles avant que Mortagne eût acquis la qualité de

(1) Vitalis parlant du siége de Bellême par Henri, roi d'Angleterre, s'exprime ainsi : *Et nobile oppidum quod Robertus jamdudum summopere munierat et ditaverat, concrematum est.* Gemetic, parlant du même siége, dit : *Roberto in vinculis posito, in quibus et deficit rex Henricus, nobilissimum oppidum ejusdem nomine Bellismum cepit, etc.* (M Gilles Bry, dans son *Histoire du Perche*)

ville (1). Aussi n'a-t-on jamais tenu ailleurs qu'à Bellême les états de la province (2) ; aussi les députés de la cour, dans le temps qu'ils allaient tenir les grands jours dans les provinces, tenaient-ils leurs assises à Bellême pour les trois châtellenies du Perche ; aussi dans le procès-verbal de rédaction de la coutume et lettres-patentes qui y sont relatives, la ville de Bellême, le siége de Bellême, la châtellenie de Bellême, y ont-ils joui, sans réclamation quelconque, de la prérogative d'y être nommés et établis les premiers. Ces faits sont consignés dans les actes mêmes et dans l'histoire de la province, qui nous apprend encore qu'aucun des souverains qui ont eu de grandes possessions dans le Perche, et encore bien qu'ils réunissent la propriété des domaines de Mortagne et de Nogent, n'ont jamais pris la qualité de comtes du Perche (3), qui semble avoir toujours été attachée à la seigneurie de Bellême, qui donnait même le nom à la province (4).

Si on examine l'étendue de la juridiction, on verra qu'elle a plus de cent paroisses de ressort dans seize lieues environ de longueur, à partir du Mesle-sur-Sarthe, du côté de la Normandie, jusqu'à Pontgouin, du côté de Chartres ; qu'outre une directe bien supérieure à celle du siége de Mortagne, qui ne s'étend que sur sept à huit lieues de terrain, elle reçoit les appellations et comprend dans son ressort un comté, quatre baronnies, quatre châtellenies et quinze simples hautes justices, dont la plupart ont elles-mêmes des justices de leur ressort ; la baronnie de Nogent, qui dépend du bailliage de Bellême, compte elle seule plus de quatre-vingts fiefs et justices dans son ressort. Un district de cette importance, qui embrasse au moins les deux tiers de la province du Perche, est-il fait pour être confié à un simple bailli haut

(1) Brillon, dans son *Dictionnaire des Arrêts*, fait mention d'une déclaration du roi du 3 décembre 1520, portant démembrement de plusieurs paroisses du grenier à sel et magasin de la ville de Bellême, pour établir une chambre à sel au lieu et bourgade de Mortagne.

(2) Mortagne a voulu contester une seule fois, en 1588, à Bellême le droit d'y tenir les Etats, et les députés de Mortagne furent renvoyés par résolution des Etats généraux tenus à Blois, à la requête de ceux de Bellême. Les derniers Etats ont été convoqués et tenus à Bellême en 1651 pour députer aux Etats généraux convoqués à Tours, dont l'ouverture était marquée au 8 septembre de la dite année.

(3) Quand Henri d'Angleterre eut fait don à son gendre de la ville de Bellême, dès lors il se qualifia comte du Perche. Aussi, dit notre historien, les histoires manuscrites de Normandie, Bretagne et autres, parlant de ce don, disent qu'il donna à son gendre le comté du Perche.

(4) La fondation de l'abbaye de Lonlay en Normandie, faite par Guillaume de Bellême, commence en ces termes : *Ego itaque Guillelmus Bellismensis provinciæ principatum gerens.*

justicier et à un procureur fiscal, qui, servilement occupé
de complaire au seigneur dont dépendra son état et son existence, croira n'avoir d'autre devoir à remplir que de persé-
cuter ses justiciables par des demandes souvent imaginaires,
et toujours couvertes du prétexte de vouloir rétablir un
domaine négligé ; qui, loin d'être le censeur des mœurs de
sa contrée, loin de veiller pour tranquilliser le repos de ses
concitoyens, loin de faire sa principale occupation de la
vindicte publique, n'aura été mis en possession de son état
que sous la condition expresse d'y apporter une bouche
muette sur tous les délits, une oreille sourde à toutes les
plaintes, un cœur dur pour la perception des droits seigneuriaux ; mais indulgent pour les crimes commis dans la seigneurie, une indifférence invincible sur l'intérêt commun
des justiciables, mais une activité infatigable sur les intérêts
particuliers du haut justicier.

Aussi voyons-nous tous les peuples du royaume faire des
vœux pour l'extinction des hautes justices ; aussi voyons-
nous toutes les régions d'une certaine étendue, qui vivent
sous l'empire des seigneurs particuliers, soupirer après l'établissement d'une juridiction royale ; aussi ces contrées mal-
heureuses servent-elles de retraite et d'asile à ces scélérats
fameux, qui sont assurés de trouver une sauvegarde dans la
crainte qu'ont les officiers de la seigneurie de charger le
domaine du seigneur ; aussi ne voyons-nous guère que les
terres seigneuriales servir de théâtre à ces scènes meurtrières
dont le récit même fait frémir l'humanité ; et si, dans ces
crimes d'éclat, l'indignation publique ne permet pas au juge
haut justicier de rester immobile, combien n'en voyons-nous
pas se prêter eux-mêmes à favoriser l'impunité du criminel
en favorisant son évasion, et relâcher ainsi dans la société un
loup dévorant pour épargner à leur seigneur la dépense de le
faire étouffer ; trop heureux quand un crime s'y trouve puni
par un autre, et que, par des voies souterraines, on délivre
en secret la terre de ces monstres qui l'ont rougie d'une tête
toute précieuse à l'Etat et souvent à sa famille. C'est un
larcin manifeste à la justice et à la patrie : à l'une, d'une
satisfaction publique qui lui était due ; à l'autre, d'un
exemple qui lui était nécessaire. Mais s'épargner la peine
d'une longue instruction, éviter à son seigneur les frais d'une
procédure, d'un transport de l'accusé, de son exécution, sont
des motifs dominants aux yeux des gens d'affaires et des
officiers d'un seigneur haut justicier.

On n'a point tous ces inconvénients à craindre dans le
ressort d'une juridiction royale ; les officiers du roi, certains
qu'ils n'entrent jamais plus dans les vues de leurs maîtres

que quand ils font une guerre ouverte au crime, loin d'être retenus par la considération d'aucun intérêt, regardent au contraire la poursuite du crime comme l'obligation la plus essentielle de leur état et dont l'accomplissement est la plus agréable à Sa Majesté : cette vérité dont le peuple est pénétré est un frein salutaire qui, par la crainte qu'elle inspire, éloigne les uns du crime et écarte les autres du lieu, pour en chercher un où ils aient l'espoir de pouvoir le commettre avec impunité, le ressort d'une haute justice ; enfin l'expérience nous apprend que le nom seul de juridiction royale est imposant, et s'il fut jamais un pays où ce remède fut nécessaire, c'est sans contredit la ville de Bellême qui se trouve actuellement percée de quatre grandes routes, et presque enceinte par une grande forêt qui touche pour ainsi dire à ses faubourgs, et dont le ressort de l'autre côté se trouve attenant à un terrain de plus de trente lieues d'étendue, qui forme le domaine de plusieurs grands seigneurs.

Les officiers du bailliage de Bellême sont bien éloignés de croire que madame la duchesse de Beauvilliers eût l'intention de favoriser ou même de tolérer ces abus trop communs dans les hautes justices. Cette idée ne s'allierait pas avec celle qu'ils ont de sa délicatesse et de sa générosité ; mais elle n'empêchera pas que les gens qui l'approchent (1) n'inspirent ces sentiments à ses officiers ; elle n'empêchera pas que ses officiers ne croient lui faire leur cour en usant de ce ménagement à son égard ; elle n'empêchera pas le peuple de croire que sa justice ne soit aussi indulgente que la plupart des autres justices seigneuriales ; d'ailleurs la prudence ne permet pas de fixer ses regards au temps actuel, et pour peu qu'on les étende sur l'avenir, combien d'événements peuvent ravir à la châtellenie de Bellême les douceurs de ce nouveau gouvernement.

Enfin si l'on s'occupe de l'administration de la justice civile, que n'ont point à craindre les justiciables, surtout dans ces premiers temps où la plupart des vassaux, inquiétés, les uns pour leurs possessions, les autres pour acquitter des redevances inconnues jusqu'ici, auront à se défendre devant un bailli haut-justicier qui, tenant la balance avec un poignet toujours incliné sur le côté du seigneur se croira obligé par

(1) On n'entend point ici faire non plus d'imputation personnelle à l'intendant actuel de madame la duchesse de Beauvilliers ; les officiers de Bellême lui doivent même la justice de dire que ses procédés à leur égard ont été pleins de candeur, et qu'il leur a toujours paru disposé à entrer dans les vues du bien public, relativement aux suites que pouvait avoir l'échange dont il s'agit.

état de canoniser par ses sentences toutes les découvertes des gens d'affaires de la seigneurie: il leur restera la ressource d'un appel à la cour; mais combien seront intimidés, par le préjugé qu'emporte toujours avec lui un premier jugement, dont le sort dépend souvent de la tournure adroite qu'un greffier intelligent sait lui donner, par la multitude de frais qui peuvent s'ensuivre d'un appel; et combien s'en trouvera-t-il à qui leurs facultés refuseront les moyens de se faire entendre dans un tribunal supérieur.

De plus, les justiciables du ressort du bailliage de Bellême, se félicitaient de l'espoir de jouir du bénéfice de l'édit du mois d'août dernier, qui accorde aux bailliages royaux du ressort du Parlement, le droit de juger en dernier ressort toutes les causes pures personnelles non excédant quarante livres; combien d'affaires de ce genre allaient être étouffées dès leur naissance dans un pays où la misère des habitants en produit autant au-dessous de ce taux qu'au-dessus; la châtellenie de Bellême va donc se trouver privée de cette grâce au moment même qu'elle commence à la goûter; et un événement qui afflige tous les honnêtes gens du canton va faire le triomphe de ces débiteurs de mauvaise foi qui refuseront comme par le passé le salaire d'un ouvrier, les gages d'un domestique, le paiement d'une denrée, assurés qu'ils seront de décourager leur créancier et de le fatiguer par un appel qu'il n'est pas en état de faire payer.

Il est donc démontré que de la cession de la haute-justice résultera un préjudice notable pour le public, une multitude d'inconvénients; et ce qu'il y a d'essentiel à observer c'est que ce mal sera purement gratuit et que si l'on consulte les propres intérêts du roi et ceux de madame la duchesse de Beauvilliers, on verra les uns et les autres réclamer contre cette cession: c'est ce qu'il est facile d'établir.

On n'a pu envisager la cession de la haute justice de Bellême comme un avantage pour le roi, que sous un seul point de vue, parce que c'était un moyen de le libérer des frais de la procédure criminelle; mais le moindre examen des comptes du receveur des domaines de Bellême fera connaître que bien loin d'être onéreux au roi, l'exercice de la justice en son nom opère annuellement un produit réel à son profit, déduction faite des charges, que les droits de contrôle, de présentation, de sceau, droits réservés de tiers référendaire, de trois sous pour livre des épices, et autres qui se perçoivent sur les actes du greffe, excèdent communément de moitié ce qu'il en coûte au roi pour les frais du crime. On ne peut en imposer sur cette matière, c'est un point de fait que messieurs les commissaires du roi, députés pour l'échange dont il s'agit,

3

sont suppliés de faire vérifier sur le relevé des registres du contrôle et de la recette des domaines de Bellême, depuis dix, quinze ou vingt années; on ose assurer par avance, qu'il en résultera que les déboursés pour le crime n'excèdent pas mille à douze cents livres, année commune, et que les droits royaux qui se perçoivent sur l'exercice de la juridiction royale vont au moins à trois mille livres.

Ce fait une fois reputé pour constant, et réconnu pour tel, il s'ensuit donc que le roi perdra environ mille livres annuellement, en cessant de faire exercer en son nom la haute justice au bailliage de Bellême, et perdra en outre les droits d'épave, de confiscation, de bâtardise, qui peuvent devenir considérables; enfin ces parties casuelles en souffriront par la suppression ou la diminution notable des offices qui y sont sujets.

Il n'est donc plus possible de douter raisonnablement que la haute justice n'est pas profitable au roi, loin de lui être onéreuse.

Il est également certain que la cession de la haute justice ne peut être que très onéreuse à madame la duchesse de Beauvilliers, loin de lui être profitable elle n'aura point pour s'en dédommager, des droits de contrôle, de présentation, de sceau, de trois sous pour livre à percevoir sur les épices, et autres droits qui se perçoivent au contrôle dans les juridictions royales; elle ne pourra d'ailleurs jouir de la faculté qui lui est accordée de faire exercer la justice en son nom, qu'en déboursant une somme d'environ soixante mille livres de rente, pour avoir l'avantage idéal de faire rendre la justice en son nom à ses vassaux; honneur chimérique, vaine décoration, qu'elle n'est pas faite pour jalouser dans le rang élevé où elle se trouve placée.

Mais, dira-t-on, il est intéressant pour un seigneur d'avoir une justice à lui, où il puisse traduire ses vassaux, pour se faire rendre les obéissances et payer les droits qui lui sont dus. On a sans doute pressenti la réponse qui est simple; le seigneur ne trouvera-t-il pas tous ces avantages dans l'établissement d'une justice foncière ou moyenne; il établira des officiers auxquels appartiendra la connaissance d'entre lui et ses sujets, relativement aux droits féodaux, censuels et seigneuriaux, qui pourront lui être dûs qui recevront ses aveux et déclarations, et devant lesquels se traiteront en première instance, comme dans une haute justice, tous les droits relatifs à sa seigneurie, sauf l'appel au siége royal.

Il est dont évident qu'en ne comptant même pour rien l'aliénation d'une portion de plus noble apanage de la couronne, l'anéantissement pour ainsi dire, du principal siége d'une province; d'une juridiction aussi ancienne que la monarchie; le désagrément de dépouiller d'anciens officiers de leur état, qu'ils ont dû regarder comme stable et permanent, de les laisser dans une éternelle perplexité sur l'événement d'un remboursement dont l'incertitude rendra toujours leur position équivoque et opérera une notable diminution dans le prix de leurs offices, lorsqu'ils voudront s'en défaire, mettant à l'écart toutes ces considérations puissantes ; de quelque côté qu'on envisage la cession de la haute justice du bailliage de Bellême, on n'y peut rien apercevoir que de très préjudiciable au repos et à la sureté publique et tout à la fois très contraire aux intérêts du roi, de madame la duchesse de Beauvilliers et des habitants du domaine de Bellême.

Si contre ce qu'en augurent les officiers du bailliage de Bellême, ils n'étaient pas assez heureux pour que ces réflexions fissent assez d'impression auprès des ministres et des magistrats, dont ils réclament la protection, pour leur obtenir du roi la révocation de l'abandon qu'il a fait de sa haute justice du bailliage de Bellême à madame la duchesse de Beauvilliers, au moins osent-ils espérer qu'ils voudraient bien faire expliquer sa majesté sur l'effet qu'il a entendu donner à sa cession afin de prévenir toutes difficultés à l'avenir. C'est l'objet qu'on se propose de développer dans le paragraphe qui suit.

§ IIe

Raisons qui font connaître la nécessité d'expliquer le contrat d'échange sur la cession faite en icelui de la haute justice du comté de Bellême

La nécessité de l'interprétation naît principalement des termes dans lesquels est conçue la cession du domaine de Bellême et de la haute justice. Le roi cède le comté de Bellême au Perche, les fiefs, arrières-fiefs, cens, rentes, etc., à lui appartenant, dans les différentes villes, bourgs et villages, et autres droits sur les fiefs et les rotures étant de la mouvance et censive du dit comté; plus les droits de haute, moyenne et basse justice, de la même nature qu'elles appartiennent aux terres et seigneuries de semblable dignité.

Si la seigneurie de Bellême était véritablement décorée du titre de comté ; que les limites et les dépendances de ce comté fussent constantes et reconnues ; si même le bailliage de Bellême n'avait de ressort et d'étendue que la seigneurie de Bellême, alors on verrait évanouir la principale difficulté, parce qu'il est évident que sa majesté ayant eu intention de céder à madame la duchesse de Beauvilliers le domaine de Bellême, a eu en meme temps celle de lui donner la haute justice dans toute l'étendue de ce meme domaine; mais comme on ne reconnaît point dans le Perche de comté de Bellême; que par conséquent il n'est pas possible d'en déterminer les bornes et l'étendue, et que le bailliage de Bellême s'étend bien au-delà de la seigneurie de Bellême, la difficulté reste entière, et la volonté seule du roi peut en fournir le dénouement.

Pour répandre un certaine clarté sur la matière, il est indispensable de donner ici quelques notions du gouvernement féodal du Perche et de l'état ancien et actuel des juridictions de cette province, en observant que par le Perche, nous n'entendons point parler de l'ancienne consistance du Perche, et des terres qui en ont été démembrées dans les temps les plus reculés, lesquelles forment aujourd'hui des corps particuliers, tels que la Tour grise de Verneuil, le Perche-Gouet, le Thymerais, etc., qui ont même des coutumes particulières; non seulement de ce qui forme aujourd'hui et depuis très longtemps ce qu'on appelle le comté du Grand Perche, et qui se trouve régi par la loi municipale, connue sous le nom de Coutume du Grand Perche.

Le grand Perche jouissait du titre de comté, dès l'antiquité la plus reculée; il y avait dans cette province trois places fortes, dans la distance d'environ trois lieues : Bellême, la Perrière et Mortagne, dont les possesseurs partageaient la domination de la province, et dont ils faisaient foi et hommage aux rois de France, chacun à leur égard, sans qu'il paraisse que ces seigneuries, tant qu'elles ont été possédées divisément, aient eu aucune supériorité légale l'une sur l'autre; on veut dire que leur mouvance féodale paraît avoir toujours été indépendante réciproquement.

La souveraineté de cette province, après avoir été possédée pendant plus de trois siècles par la maison de Bellême et celle des Rotrou, soit divisément, soit en totalité, fut réunie à la couronne sous le règne des rois Louis VIII et saint Louis, son fils, qui la donnèrent ensuite en apanage, avec le comté d'Alençon, aux princes de leur sang. Cette dernière réunion peut être regardée comme l'époque de l'abaissement de la province du Perche, qui bientôt après ne fut plus regardée que comme une seigneurie particulière dépendante d'Alençon, surtout depuis qu'il fut érigé en duché.

Les ducs d'Alençon ont néanmoins toujours conservé la qualité de comtes du Perche, et la province n'a jamais cessé d'être gouvernée par ses lois particulières et d'avoir ses tribunaux particuliers, qui n'ont en tout temps reconnu d'autre cour supérieure que celle du Parlement de Paris; de même qu'il n'a dans aucun temps été fait foi et hommage pour le comté du Perche à autres suzerains qu'aux rois de France.

Si la suzeraineté du Perche est toujours demeurée sous l'empire des lis, la directe du Perche est toujours restée attachée à ses anciennes glèbes, et le changement de maîtres ne paraît pas en avoir jamais apporté aucun dans l'ordre et la nature des mouvances de la province divisée en trois parties : la première dépendant du château de Bellême, la deuxième du château de la Perrière, la troisième du château de Mortagne, qui formaient les seigneuries de Bellême, la Perrière et Mortagne ; chacune desquelles, encore bien qu'elle ait été possédée par différents seigneurs qui se faisaient desservir par leurs vassaux, n'a jamais reconnu d'autre suzerain que le roi, à la différence de Nogent-le-Rotrou qui, quoiqu'une place très importante dans son temps, a toujours été assujétie et jugée même contre les rois de France ; devoir porter foi et hommage aux seigneurs de Bellême, qui, à raison de leur crédit, de la force de leur place principale, de son ancienneté et de l'étendue de leur mouvance, ont toujours été regardés comme les principaux seigneurs de la province et jouissaient à ce titre de celui de comte du Perche, dans le temps même qu'ils n'en possédaient qu'une partie.

Depuis la cessation de l'apanage et la rentrée du comté du Perche dans la main du roi, chaque fief de la province n'a pas moins conservé la trace de sa source primitive, le roi en étant desservi, non point confusément à cause de son comté du Perche, mais à cause de son château de Bellême, de son château de la Perrière ou de son château de Mortagne, dépendant de son comté du Perehe, suivant l'ancienne constitution de ces trois seigneuries, connues depuis plus de sept siècles sous le nom de châtellenies ou prévôtés (1), et non sous le titre de comté.

Il est vrai cependant que l'historien de la province, en parlant des seigneuries de Bellême et de Mortagne et des grands personnages qui les ont possédées, use assez indifféremment des termes de comte et de comté ou de ceux de seigneurs et de seigneuries ; mais outre qu'il dit plus communément la seigneurie de Bellême, la seigneurie de Mortagne, le seigneur de Bellême, le seigneur de Mortagne, c'est qu'il est aisé de voir que l'historien a regardé ces termes comme synonymes et pour se conformer à l'usage, étant tout simple

---

(1) Il y a un titre à la maison de Chêne-Galon, de 1193, portant donation par le comte du Perche aux religieux bonshommes de la dite maison, entre autres choses, de quatre sols de rente tous les samedis sur la prévôté de Mortagne, et soixante francs de rente par an sur celle de la Perrière.

qu'on qualifiât de comtes des seigneurs de cette importance, alliés à toutes les maisons royales, sans que leurs terres fussent décorées du titre de comté; qu'il paraît même, par les anciennes chartes rapportées dans l'histoire, que si ces grands seigneurs prenaient le titre de comtes, c'était moins à raison de leurs possessions qu'à raison de leur naissance; de même que ceux d'une qualité inférieure prenaient le titre d'équites, puisque le seigneur qui était illustré par sa naissance prenait le titre de comte, simplement quand il n'avait pas de possessions connues : *Robertus comes, Gaufridus comes,* etc. S'ils étaient seigneurs de Bellême ou de Mortagne, ils ajoutaient : *Robertus comes Bellemensis, Gaufridus comes Mauritaniensis.* De même qu'un simple gentilhomme aujourd'hui prend le titre d'écuyer ou de chevalier, auquel il ajoute le nom de la seigneurie ou du fief, quelquefois même de l'héritage roturier qu'il acquiert ou qui lui vient par succession.

Si cette explication, puisée d'ailleurs dans le sein de la vérité, était susceptible de contradiction, ce ne serait pas dans un siècle où nous voyons plus que jamais l'abus qu'il y aurait de juger du titre des terres, par celui que prennent et que leur donnent tous ceux qui les possèdent; il faut convenir que le nombre des comtes et des marquis dans le royaume est infiniment supérieur à celui des comtés et des marquisats.

Au surplus, c'est trop s'arrêter à la discussion d'un point indifférent à l'objet qu'on s'est proposé d'établir, parce que, soit qu'on veuille qualifier les trois seigneurs de Bellême, la Perrière et Mortagne de comtés ou de châtellenies, il n'en sera pas moins vrai de dire que ces trois domaines forment un corps de seigneurie distinct, dont l'ensemble compose le comté du Perche; que la seigneurie ou comté de Bellême n'est point la seigneurie ou comté de la Perrière, ni la seigneurie ou comté de Mortagne; qu'ainsi le roi ayant cédé le domaine de Bellême, la seigneurie de Bellême ou le comté de Bellême, si l'on veut, ne peut être censé avoir cédé le domaine, seigneurie ou comté de la Perrière, plutôt que le domaine, seigneurie ou comté de Mortagne, d'où suit que n'ayant cédé le droit de haute justice que sur le domaine ou comté de Bellême, cette cession ne peut et ne doit s'étendre sur le domaine ou comté de la Perrière, non plus que sur celui de Mortagne.

L'ordre des juridictions dans le Perche a toujours été relatif à celui de la féodalité de cette province; il y avait anciennement un bailli pour tout le Perche, qui jugeait seul les différends des particuliers : il était officier de robe longue, les appels s'en portaient devant les comtes du Perche, à qui les rois de France avaient donné pouvoir d'avoir des grands jours pour les juger. On voit qu'il y a eu ensuite un vicomte pour tout le Perche, ou prévôt qui jugeait en première instance les causes des roturiers, et dont, en tous cas, les appellations se portaient devant le bailli qui, ainsi que le vicomte, se transportait à Bellême, Mortagne et la Perrière, quand les circonstances l'exigeaient.

Les affaires s'étant multipliées à certain point, on sentit la nécessité d'avoir des juges résidant dans chacun de ces lieux principaux ; dès lors on érigea des lieutenants du prévôt ou vicomte : l'un pour la châtellenie de Bellême, l'autre pour celle de la Perrière, et le troisième pour celle de Mortagne. On créa de même deux lieutenants au bailli du Perche : l'un à la résidence de Mortagne, devant lequel ressortissaient les appellations du vicomte ou son lieutenant à Mortagne ; l'autre à la résidence de Bellême, devant lequel ressortissaient les appellations de vicomte ou de ses lieutenants aux siéges de Bellême et de la Perrière ; lesquels lieutenants du bailli avaient en outre la connaissance exclusive des cas royaux et des nobles dans l'étendue des dites vicomtés. Les besoins de l'Etat ayant entré pour quelque chose dans la multiplication des offices, on a successivement divisé l'office de vicomte du Perche, et au lieu d'une seule vicomté, composée d'un chef et de trois lieutenants, on en a formé trois vicomtés et trois vicomtes, qui avaient par ce moyen chacun leur lieutenant.

C'est ainsi que se formèrent et s'établirent les trois juridictions royales, sous le titre de vicomté, dans les trois châtellenies du Perche, et les deux siéges royaux supérieurs du bailli du Perche, ès-villes principales de Bellême et Mortagne, sous le titre de bailliage.

Le bailliage du Perche n'a pas pour cela souffert d'altération, et la justice est constamment administrée jusqu'à nous, au nom du bailli de la province, par ses lieutenants : l'un au siége de Bellême, l'autre au siége de Mortagne. La seule différence que les temps aient apportée dans l'état de bailli du Perche, c'est que Jacques Courtin, qui fut assassiné dans la forêt de Bellême en l'an 1572, a été le dernier bailli de robe longue, et que depuis lui ce n'est plus, ainsi que dans toutes les provinces du royaume, qu'un office d'épée qui n'a conservé que des droits honorifiques, et auxquels le marquis de la Coudrelle, titulaire actuel, a su par son mérite et son crédit faire attacher plusieurs prérogatives particulières.

La directe du bailliage de Bellême était donc divisée entre le vicomte de Bellême et celui de la Perrière, et, ce qu'il y a d'important à remarquer ici, c'est que le ressort de la vicomté et châtellenie de la Perrière était infiniment plus étendu que celui de la vicomté et châtellenie de Bellême.

Tout le monde connait l'édit général de suppression des vicomtés du royaume dans les lieux où elles ne formaient pas le siége principal, c'est-à-dire de celles dont l'exercice se faisait dans les lieux de l'établissement des bailliages où elles ressortissaient par appel.

Les officiers du bailliage de Bellême, de concert avec le vicomte de Bellême et de la Perrière, avaient prévenu les vues bienfaisantes de Sa Majesté, en faisant solliciter auprès d'elle un édit particulier qui supprimât non-seulement le siége de la vicomté de Bellême, mais même celui de la Perrière, et qui attribuât aux officiers du bailliage de Bellême les fonctions des officiers de la vicomté de Bellême et de la Perrière, à des conditions qui avaient été arrêtées amiablement entre les officiers de ces divers siéges. Le roi voulut bien sceller de son autorité un projet qui tendait visiblement au soulagement des justiciables du ressort du bailliage de Bellême, par un édit qu'il donna alors au mois d'août 1745. C'est à ce titre, tout récent encore, que le bailliage de Bellême est redevable de la directe dont il jouit dans la châtellenie de la Perrière.

Or, si le bailliage de Bellême fût resté dans la classe générale, il n'aurait constamment profité dans la suppression que de la directe de la vicomté de Bellême, et celle de la Perrière se trouvant être le seul siége royal du lieu, et par conséquent le principal siége, subsisterait encore nécessairement, et madame la duchesse de Beauvilliers, cessionnaire de la haute justice dans l'étendue de la châtellenie ou comté de Bellême, ne pourrait raisonnablement prétendre à la propriété de la haute justice dans l'étendue de la châtellenie ou comté de la Perrière ; il n'est donc pas naturel de penser que le roi, en dépouillant les officiers du bailliage de Bellême de l'exercice de la haute justice dans l'étendue de la châtellenie ou comté de Bellême, ait voulu les anéantir pour ainsi dire, en leur enlevant en outre l'administration de la justice dans une châtellenie ou comté totalement distinct et séparé de celui de Bellême, qui paraît faire l'unique objet de la cession.

Ce raisonnement, qui paraîtra sans réplique aux personnes désintéressées, ne manquera pas néanmoins d'une prompte solution de la part des gens d'affaires de madame la duchesse de Beauvilliers.

Quand on leur a fait cette objection sur les lieux, leur réponse a été que, pour faire tomber la difficulté, il ne s'agirait que d'obtenir des lettres-patentes par lesquelles Sa Majesté déclarerait avoir entendu céder le domaine de sa châtellenie de la Perrière en cédant celui de la châtellenie de Bellême, de manière que la cession de la haute justice étant l'accessoire de la cession du domaine, il ne resterait pas plus d'équivoque sur la cession de la justice de la châtellenie de la Perrière que sur celle de la châtellenie de Bellême.

La réponse est péremptoire, il faut en convenir; mais qu'on convienne aussi qu'il reste au moins encore la question de savoir si le roi se portera à accorder ces lettres-patentes, et il n'en faut pas davantage pour que l'objection reste dans toute sa force; il résulte au contraire de l'aveu de cette nécessité un nouveau genre de preuve, s'il en était besoin, que ni le domaine, ni la justice de la châtellenie ou comté de la Perrière ne sont compris jusqu'ici dans la cession faite à madame la duchesse de Beauvilliers.

Il ne s'agira, dit-on, que d'obtenir des lettres-patentes pour faire comprendre dans la cession le domaine de la châtellenie de la Perrière; mais il ne dépend de même que d'en obtenir pour y faire comprendre le domaine de la châtellenie de Mortagne. Pourquoi la bonne volonté des gens d'affaires de madame la duchesse de Beauvilliers ne leur fait-elle pas étendre leurs désirs jusque-là? Ce serait un moyen de plus pour aplanir toutes les autres difficultés; l'un est aussi possible que l'autre, et n'a besoin que de la souveraine volonté du roi : s'il l'ordonne ainsi, madame la duchesse de Beauvilliers ne sera pas seulement comtesse de Bellême, comtesse de la Perrière, comtesse de Mortagne, mais elle sera comtesse du Perche, et, en dépouillant ainsi les officiers de la province de leur état et de leurs fonctions, on ne leur laissera plus que le mérite de la soumission et de l'obéissance.

Les officiers du bailliage de Bellême sont bien alarmés du crédit de madame la duchesse de Beauvilliers, mais ils trouvent de puissants motifs de se rassurer dans la bonté du roi et la fermeté de ses ministres et de ses magistrats, qui ne donneront pas les mains à une aliénation si contraire au bien d'une partie de ses sujets, s'ils n'en reconnaissent l'utilité pour le bien de son État; et si la châtellenie de Bellême avec la baronnie du Sonnois et la châtellenie de Pray sont déjà au moins suffisants pour atteindre la valeur des objets donnés en échange par madame la duchesse de Beauvilliers, les officiers du bailliage de Bellême ont-ils à craindre de se voir enlever la justice sur la châtellenie de la Perrière par une cession surabondante du domaine de cette châtellenie?

Et peuvent-ils douter que la Chambre des Comptes, sur la religion de laquelle le souverain et la nation se reposent du soin de l'administration et de la conservation du domaine de la Couronne, ne réclame de son propre mouvement contre toute extension qu'on voudrait proposer de donner à une aliénation qui ne présenterait aucun objet d'utilité réelle? Le scrupule avec lequel les députés de cette compagnie supérieure ont procédé sur les lieux à l'évaluation des domaines de Bellême et de la Perrière, et à la découverte de ce qui en doit faire la composition, sont un présage assuré de toute l'attention que la commission entière doit y donner.

D'ailleurs la volonté du roi, exprimée par ce contrat d'échange, résiste ouvertement à cette idée : Sa Majesté déclare conserver son comté du Perche, et n'entend en distraire que son domaine ou comté de Bellême. Si on lui faisait aliéner son domaine ou comté de la Perrière, il ne lui resterait donc plus que son domaine ou comté de Mortagne dans le Perche. Ce serait lui laisser un membre d'un corps mutilé de toutes parties ; on ne pourrait pas même dire lui en avoir laissé le tronc, puisque, suivant que nous l'avons précédemment démontré, on n'a jamais reconnu de glèbe supérieure dans le comté du Perche, composé de trois seigneuries, qui ont chacune leur glèbe particulière, dont seulement celle de Bellême était sa principale, à raison de son ancienneté et de l'étendue de sa mouvance, d'où il devrait s'en suivre, par une conséquence naturelle et fondée sur les principes, que madame la duchesse de Beauvilliers, devenue propriétaire des deux tiers du domaine du Perche, des deux tiers de la justice et des deux tiers de la glèbe du comté du Perche, serait véritablement la comtesse du Perche contre l'intention de Sa Majesté, et que le roi serait seulement comte de Mortagne et tout au plus seigneur en partie du Perche.

Il ne fallait pas moins qu'une connexité aussi indissoluble que celle qui se rencontre du domaine avec la justice de la châtellenie de la Perrière, pour que les officiers du bailliage de Bellême se soient permis d'entrer dans ces détails que les intérêts de madame la duchesse de Beauvilliers semblaient devoir écarter, mais que celui de leurs justiciables et de leur propre rendent indispensable ; c'eût été un sacrifice que sa délicatesse aurait dédaigné ; les grâces ne sont pas faites pour remonter vers la source d'où elles doivent découler, et ce genre de prodige choquerait à coup sûr sa justice et sa générosité.

Ce premier article ne serait pas le seul qui demanderait explication, dans l'hypothèse qu'il plairait au roi de laisser subsister la cession de la haute justice dans l'étendue des comtés ou châtellenies de Bellême et la Perrière, ou dans celle de Bellême seulement ; il en est un second qui ne mérite pas moins d'attention : c'est de déterminer l'effet que devrait produire cette cession, relativement au bailliage royal de Bellême ; cet événement dépouillerait-il seulement les justiciables et les officiers du bailliage de Bellême de l'avantage dont les faisait jouir l'édit de suppression des vicomtés, en leur évitant un degré de juridiction, et attribuant au bailliage la connaissance de toutes causes en première instance, de manière que, par l'établissement d'une haute justice, les choses deviennent au moins à leur premier état, et que les appellations de la haute justice de madame la duchesse de Beauvilliers ressortissent au bailliage royal de Bellême, ainsi que le surplus des hautes justices des deux châtellenies de Bellême et la Perrière ? Ou bien la haute justice, au lieu de tenir la place des anciennes vicomtés, tiendra-t-elle celle du bailliage même, en sorte qu'elle soit la juridiction principale du lieu ; qu'il ne reste au bailliage que la seule connaissance des cas royaux ; que les appellations de toutes les autres justices mouvantes et dépendantes des châtellenies de Bellême et la Perrière ressortissent devant le bailli de madame la duchesse de Beauvilliers, et de là à la cour ?

Les officiers du bailliage de Bellême ne se persuaderont jamais que le dernier parti soit adopté par Sa Majesté, et que son conseil ait eu en vue de dégrader à ce point le principal siége d'une province, qui, par sa célébrité, son ancienneté, son étendue, sa position qui se trouve au centre de la province, était le seul qu'on pût se proposer d'ériger en présidial, dans le cas où l'utilité dont il pouvait être dans le canton serait aux yeux du ministère un titre suffisant pour s'occuper de cet établissement.

D'ailleurs les termes mêmes de la cession de la haute justice sont suffisants pour les tranquilliser sur les bruits qui se sont répandus à cet égard, et sur les tentatives peu réfléchies que font leurs confrères et leurs voisins pour s'embellir de leurs dépouilles dans le moment de crise où ils les voient. Le roi ne cède autre chose que les droits de haute justice moyenne et basse, tels qu'ils appartiennent aux terres et seigneuries de semblable dignité.

Or, la dignité de la terre cédée n'est autre que celle de châtellenie : ce point a été démontré ; fût-elle de comté, les droits de haute justice, qui appartiennent au simple comté, ne sont que les droits d'une haute justice ordinaire, dont les appels ne peuvent se porter directement à la Cour.

Le roi cède la haute justice seulement dans l'étendue du comté de Bellême, mais il ne cède pas le droit de ressort et de juridiction sur les arrières-fiefs et vassaux de ce comté ; et il est de principe que ce droit doit être exprimé pour avoir lieu. C'est sur ce fondement que le parlement de Rouen a jugé en 1750, dans l'espèce même d'un duché-pairie, que M. le duc d'Harcourt ne pouvait prétendre de droit la juridiction sur les fiefs et arrière-vassaux qui sont de sa mouvance, à moins qu'il ne justifiât d'un titre ou d'une possession qui pût en faire présumer l'existence.

Il est encore de jurisprudence constante qu'une justice ne change jamais de ressort, et que quand elle a une fois relevé d'une justice ressortissant au Parlement, son sort demeure fixé pour jamais.

Il résulte donc clairement, et des principes de la matière et des expressions du contrat, que le roi n'a entendu céder autre chose que la faculté de faire exercer, par madame la duchesse de Beauvilliers, la haute justice dans toute l'étendue du domaine qui lui était abandonné, ce qui remettrait les choses dans la position où elles étaient avant la suppression des vicomtés ; en sorte que les appellations de cette haute justice ressortiront au bailliage royal, comme faisaient celles des vicomtés, et que les appellations des hautes justices des châtellenies de Bellême et la Perrière continueront d'être portées directement au bailliage royal.

Dans cette supposition, l'auditoire royal devient encore un nouveau motif d'explication ; il a paru, par l'opération de MM. les commissaires de la Chambre des Comptes, que l'auditoire faisait partie de la cession. Le roi se proposerait-il d'en faire reconstruire un nouveau pour ses officiers, ou les laissera-t-il à la discrétion de ceux du seigneur, qui sembleront ne les y recevoir que par souffrance, et qui se croiront par là autorisés à disposer, par affectation, de la salle d'audience et chambre du conseil aux jours et heures que les officiers royaux en auront besoin ?

Résumant en deux mots : le moment où l'administration de la justice cessera d'être confiée aux officiers de Sa Majesté sera l'époque du trouble et du désordre dans la province du Perche, et l'exercice de la haute justice au nom de madame la duchesse de Beauvilliers ne peut se faire qu'au détriment des intérêts du roi, de ceux de cette duchesse et au grand dommage de tous les justiciables.

S'il plaît à Sa Majesté de laisser subsister la cession qu'il en a faite, ces bornes et ces limites doivent être celles de la châtellenie ou comté de Bellême, et la directe de la châtellenie ou comté de la Perrière doit demeurer intacte entre les mains des officiers du bailliage royal de Bellême, où doivent continuer de ressortir, comme ci-devant, toutes les hautes justices de la châtellenie de Bellême.

Quels que succès que doivent attendre les officiers de Bellême des éclaircissements que fournit ce mémoire, et quelle qu'aménité que dût avoir pour eux le fruit qu'ils osent s'en promettre, ils ne le goûteraient qu'à regret si madame la duchesse de Beauvilliers, pénétrée de la justice de leur représentation, ne les aidait pas elle-même à le cueillir : ce trait de bienveillance et de générosité, vraiment digne d'elle, n'égalera pas encore le respect et le dévoûment de tous ses vassaux.

BERTHEREAU, avocat.

Ce mémoire de Berthereau sera lu avec intérêt ; il est une bonne histoire du fonctionnement de l'administration judiciaire dans la province du Perche, au siècle dernier, et, pour la première fois, nous rencontrons une explication aussi catégorique. Un avocat de nos jours s'y prendrait différemment pour défendre une cause ; à chaque époque son faire, son dire et son éloquence ; mais la défense de Berthereau instruit, cela nous suffit.

Les nombreux matériaux de ce temps qui sont sous nos yeux n'ont ni plus d'ordre, ni plus de style, ni plus de précision. Malgré ses défauts, le mémoire de Berthereau est œuvre d'un bon et courageux citoyen : il y avait du mérite alors de contrarier la royauté, devant laquelle on ne savait que s'incliner.

A chacun de faire ses réflexions en suivant ce mémoire, elles surgissent en abondance ; arrêtons-nous seulement à quelques détails qui ont besoin d'être éclaircis ou qui étonnent.

En un endroit, il est indiqué que le crime se commettait souvent, que le coupable échappait assez facilement à l'action de la justice. Nous sommes porté à être surpris, nous qui parcourons le pays en tous sens avec sécurité complète, qui apprécions le récit de quelque méfait de loin en loin, qui vivons et dormons sans défiance sous la protection de la police. La perpétration du crime, le brigandage, l'arrestation sur les chemins, le dépouillement des voyageurs, l'invasion du domicile, le vol, voire même l'assassinat, n'étaient point rares au milieu du siècle dernier. Dans notre enfance, nous avons souvent entendu les conversations des vieillards sur ces événements ; ils disaient les noms propres et les lieux, et lorsque de la Vingterie devint lieutenant général civil et criminel à Bellême, en 1782, il se fit une réputation de terrible par sa fermeté à rétablir l'ordre, et sa sévérité à réprimer le mal ; sous lui l'office de bourreau ne resta pas une sinécure, et l'exécution par le supplice de la roue est encore dans les souvenirs.

Le lecteur sait par avance que la retenue sur les épices était la retenue faite sur les honoraires, dits épices, que recevaient les gens de justice ; que les épices données pour rémunération, en nature par les clients, à ceux qui leur avaient rendu service, avaient été converties en argent par suite de plusieurs réglements ;

Que le fief était la terre concédée à un vassal par le seigneur auquel il avait prêté serment de fidélité. *Fides*, foi ;

Que l'arrière-fief ne dépendait point directement de la couronne ;

Que la censive était la terre frappée de l'obligation de payer le cens ;

Que la haute justice connaissait de toutes les affaires criminelles et civiles, et correspondait à nos tribunaux d'arrondissement ; que la basse justice est l'équivalent de nos justices de paix.

Ce court dictionnaire donnera le sens de plusieurs explications du mémoire de Berthereau.

Remarquons-le, Bellême, la Perrière, Mortagne faisaient un assemblage de juridiction ; Nogent, la capitale des Rotrou, ces fiers comtes du Perche, avait sa juridiction à part.

Le lecteur est pressé de connaître si Bellême resta plus ou moins longtemps aux mains de la duchesse de Beauvilliers, quelle fut l'issue de l'effort de Berthereau. Soit que la duchesse de Beauvilliers se soit fait peur des objections et des difficultés d'organisation judiciaire qui lui étaient présentées par Berthereau, soit tout autre motif resté inconnu, elle prit possession de la baronnie du Saonnois, de la châtellenie de Pray, et s'abstint quant à Bellême. Dans aucune des délibérations qui restent de ce temps, le nom de Beauvilliers n'est prononcé ; les juridictions suivirent leur cours comme autrefois, les officiers restèrent, aucun changement n'eut lieu ; les mêmes noms se succèdent à la suite des procès-verbaux, et la ville de Bellême, menacée de changer de maître, en fut quitte pour la peur.

Rentrons dans l'étude du deuxième rôle de Berthereau, celui de lieutenant général à Mortagne, position où il rendit des services considérables à la province.

Comme on a pu déjà le remarquer, le lieutenant général était, en dehors de son autorité judiciaire, un personnage très élevé en dignité. Il convoquait les notables, présidait les assemblées municipales, en dirigeait les délibérations. Les extraits des procès-verbaux relatés précédemment en font foi. Sa nomination était à la dépendance du roi.

Voici ce qui mit Berthereau en relief dans sa seconde position.

Les questions de finance ont leur importance chez tous les peuples ; elles sont, suivant le dicton populaire, le nerf de la guerre. Ces questions ne touchent pas moins les petites localités, familles dont le ménage a besoin d'être dirigé avec économie.

Depuis quelques années, la population vivait dans une perplexité continuelle ; un certain Racine, intendant de Monsieur, comte du Perche, menaçait incessamment la ville de Bellême de la vente en office de sa mairie. La menace était restée sans effet, faute d'acquéreur, mais le danger était permanent. Après une nouvelle tentative infructueuse, on se trouva en face d'une autre préoccupation, celle d'une certaine réglementation finale qui, quoique prévue et venant en son temps régulier, était un gros souci pour la population de la ville et de toute la châtellenie de Bellême : c'était la fixation d'un impôt particulier qui se payait tous les vingt ans. La dernière fixation avait été réglée le 16 mai 1762, et l'on touchait à 1782. Cet impôt particulier s'appelait impôt de franc-fief ; par ce mot, on entendait la taxe que les roturiers, possesseurs des fiefs, payaient au roi tous les vingt ans. Les francs-fiefs faisaient partie de la ferme du domaine. « L'*abonnement* indiqué dans une délibération du
» 8 mai était une convention faite entre les percepteurs des
» droits et ceux qui y étaient sujets, convention par laquelle
» les droits qui peuvent se percevoir, pendant un certain
» temps, sont fixés à une certaine somme.

» Les fiefs-bursaux ou boursiers étaient des rentes créées
» par un fils aîné au profit de ses frères cadets, pour les
» remplir de leurs droits dans le fief provenant de la suc-
» cession du père commun.

» Et par roturiers, on entendait tout ce qui n'était pas
» noble. Roture est la traduction de *ruptura*, qui, dans la
» basse latinité, signifiait culture de la terre, ou rupture de
» la terre. »

Ceci expliqué, il sera plus aisé d'avoir l'intelligence du procès-verbal de l'assemblée du 8 mai 1780 ; sa rédaction, longue et explicite, laisse voir la préoccupation que fait nécessairement naître le retour périodique de cet onéreux impôt. Voici le rapport en son entier qui fera connaître des habitudes, des institutions d'un temps qui n'est plus le nôtre.

« Aujourd'hui mardi, 8 mai 1780, devant nous Thomas-Nicolas Chartier, maire de Bellême, à deux heures de relevée, en l'auditoire se sont assemblés, en conséquence des billets d'invitation et annonces faites partout où besoin était, les habitants de la châtellenie de cette ville, auxquels le dit sieur Chartier a représenté que l'abonnement fixé par le roi, par l'arrêt rendu en son conseil le 16 mars 1762, pour tenir lieu du droit de franc-fief auquel les roturiers de la province du Perche, et autres roturiers qui possèdent des terres hommagées ou fiefs-bursaux peuvent être assujétis, va finir au premier janvier prochain; qu'il est, à ce moyen, instant de prendre un parti pour solliciter un abonnement, ou pour payer le droit des francs-fiefs de la manière et dans le temps qu'il sera réglé, ou enfin pour s'en faire décharger dans le cas où on croirait qu'il ne serait pas dû, motifs qui ont déterminé la présente assemblée, et que les sieurs comparants sont priés de prendre en considération; pourquoi, la matière mise en délibération, les dits sieurs comparants, tant pour eux que pour les autres, habitants de la dite châtellenie de Bellême, considérant que les propriétaires roturiers des biens hommagés de cette province pourront être difficilement tenus de payer un droit de franc-fief, d'autant que ces biens hommagés ne sont ni vrais fiefs-bursaux, ni vrais fiefs, et qu'ils ne participent aucunement à la dignité et à l'utilité des fiefs; qu'il serait cependant plus avantageux pour eux d'obtenir un nouvel abonnement, qui, sans préjudicier totalement à leurs droits, leur éviteraient au moins la décision d'une difficulté qui pourrait devenir sérieuse; pourquoi, d'un commun aveu, ils ont estimé qu'il fallait faire la démarche nécessaire pour obtenir; à l'effet de quoi, ils ont nommé commissaire, député de cette châtellenie, M. de Savary, premier échevin de cette ville, auquel ils ont donné pouvoir de, pour eux et en leur nom, et en celui de tous autres qu'il appartiendra, présenter au conseil du roi une requête, pour qu'il plaise à Sa Majesté de recevoir l'offre de continuation de l'abonnement fixé par l'arrêt ci-devant daté, pour vingt années, à partir du premier janvier prochain; l'autorisant à en traiter sur ce pied ou à tel autre prix qu'il jugera raisonnable avec le ministre des finances, messieurs les administrateurs du domaine ou tels autres commissaires qui seront nommés; l'autorisant encore, dans le cas où il ne pourrait obtenir d'abonnement à un taux raisonnable, à prendre et à introduire à l'instance, soit au conseil du roi, soit à la chambre du domaine, et partout ailleurs où besoin

sera, pour y soutenir et faire juger que la province du Perche
n'est point tenue d'aucun droit de franc-fief pour raison de
terre hommagée, pour les raisons susdites et autres à déduire
en temps et lieu ; l'autorisant enfin à se transporter, à cet
effet, à Paris et partout où il croira convenable ; promettant
l'avouer et consentant qu'il soit remboursé de ses frais de
voyage et autres déboursés généralement quelconques en ce
qu'il appartiendra. Et ont les délibérants signé avec nous et
notre greffier. »

Cette pièce est suivie d'un très grand nombre de signatures : beaucoup d'elles n'appartiennent pas au corps des
notables. Ces signatures roturières sont la preuve que, dans
les circonstances graves, le conseil se relâchait de la rigueur
réglementaire des édits royaux, et que, à l'instar des vieilles
coutumes, les citoyens n'étaient pas écartés de la délibération.

L'assemblée municipale de Mortagne se préoccupa aussi
vivement de la question de franc-fief, et afin de représenter
ses intérêts et les défendre, elle délégua son lieutenant général
Berthereau pour, conjointement avec M. de Savary, débattre
des intérêts qui étaient communs.

Les premières tentatives d'arrangement ne furent point
heureuses. Le découragement gagna M. de Savary, qui se
désista de sa mission. Cependant l'abonnement du franc-fief
était une question vitale, elle ne pouvait être délaissée.
Après le désistement de M. de Savary, M. de Fontenay fut
désigné pour le remplacer.

Malgré le bon vouloir de MM. Berthereau et de Fontenay,
la négociation qui leur avait été confiée marcha pénible-
ment. On est à même de le juger, rien que par la date d'une
lettre adressée au conseil municipal, quinze longs mois après,
dans laquelle un supplément d'instructions est demandé.

« Aujourd'hui lundi, 27 août 1781, devant nous Thomas-
Nicolas Chartier, etc., auxquels nous maire et échevins avons
représenté un mémoire à nous adressé par M. le chevalier
de Fontenay, l'un des députés de cette province, celui député
de cette châtellenie, à l'occasion de solliciter l'abonnement
du franc-fief de cette province, ensemble la lettre qu'il nous
a écrite à cette occasion, justification de ses démarches ainsi
que de celles des autres députés ; duquel mémoire, ainsi que
de la lettre ci-dessus, a été présentement donné lecture ;
requérons les dits sieurs échevins et les dits sieurs comparants, ayant à délibérer sur le parti et la mesure à prendre
à cette occasion ; sur quoi les dits sieurs délibérants ont
arrêté que le dit mémoire demeurerait déposé à notre greffe

pour servir au besoin, ce qui a été présentement fait ;
d'après laquelle lecture, ils ont estimé qu'il serait par nous,
maire et échevins, écrit à M. de Fontenay pour le remercier
de ses soins et peines, en le priant bien de vouloir les continuer, et lui marquer en même temps qu'on cherchera les
pièces demandées. Et ont les délibérants signé. »

Le pays était encore sous l'impression de grandes réjouis-
sances organisées pour célébrer la naissance du Dauphin,
fils du roi Louis XVI, novembre 1781, que lui parvenait
une autre nouvelle qui comblait ses vœux : on était parvenu
à régler la somme de l'impôt de franc-fief à peu près dans
des limites raisonnables, et qu'on ne trouvait pas trop oné-
reuses. Les prétentions du domaine s'élevèrent au chiffre,
très gros pour le temps, de 72,000 livres.

Nos pères avaient un mérite fort rare de nos jours, celui
de la reconnaissance envers les citoyens qui avaient servi
avantageusement les intérêts publics. Des honneurs extraor-
dinaires furent accordés aux députés qui avaient accompli
leur mission au gré général : remercîments par écrit, ovation
triomphale au retour, offrande du vin de ville, plantation
de mais honorifiques, rien ne manqua de ce qui pouvait
témoigner de la gratitude de la population. Si Berthereau
fut honoré à Mortagne suivant l'importance de ses mérites,
ses anciens administrés de Bellême ne l'oublièrent pas. Une
députation spéciale lui fut envoyée à Mortagne ; elle se
composait de trois des plus notables de Bellême. La délibération qui a désigné les délégués sera trouvée un peu empha-
tique ; à coup sûr, elle exprime la cordialité et le bonheur.

« Aujourd'hui mardi, 27 novembre 1781, devant nous, etc.
auxquels, après qu'il a été donné par nous, maire, lecture
de l'arrêt du conseil qui fixe l'abonnement du franc-fief de
cette province pour une somme de 72,000 livres, y compris
les dix sols pour livre, pendant vingt ans, à compter du 1er
janvier 1782 et finir à pareil jour de 1802, et ordonné en
outre que le jugement du 8 mars 1636 sera exécuté suivant
la forme et teneur ; ce faisant qu'à partir de l'époque de 1802,
le droit de franc-fief, résultant des héritages en hommages ou
fiefs-bursaux, sera réglé et payé suivant le pied du rachat dû
aux seigneurs ; suivant la fixation faite par l'article 59 de
cette coutume du Perche, et non par raison du revenu annuel
du fonds, et représente que cet arrêt est favorable pour la
province ; et de quelle importance est le service que viennent de lui rendre les députés. . . . . .

» On ne peut témoigner sa reconnaissance d'une manière
trop sensible, ont été d'avis unanimement que non-seulement
on devait témoigner sa reconnaissance, mais encore à M. de

Forge, qui a bien voulu prêter une main secourable à la province et user de son crédit auprès de Sa Majesté et de son conseil, pour y faire agréer les justes représentations et prétentions des députés ; qu'il est indispensable et de l'honnêteté que les maire et échevins de cet hôtel de ville lui fassent, au nom de la châtellenie de Bellême, le remercîment des soins et bontés qu'il a bien voulu prendre et avoir pour les secourir ; et, en ce qui touche messieurs les députés, pour leur donner les marques de reconnaissance dont la province est tenue envers eux ; d'après avoir cueilli les suffrages, il a été arrêté que, s'ils viennent ensemble dans cette ville, le vin de ville leur sera aussitôt présenté, ensemble si on les trouve réunis, et séparément dans le cas où ils ne le seraient pas ; que la milice bourgeoise (il existait une milice depuis deux mois, créée à l'occasion des fêtes pour célébrer la naissance du Dauphin), ira au-devant d'eux jusqu'à la distance dont les maire et échevins conviendront ; et qu'en outre, il sera acheté un mai pour être, avec cette inscription : *Amor patriæ te duxit, ecce gratitudinis æternæ monumentum,* placé à la porte de M. de Fontenay (maison Lesage actuel), auquel, indépendamment de ce, on rendra tous les honneurs ci-dessus, et ce, en témoignage de la reconnaissance publique, s'il arrivait seul dans cette ville ; arrêté de plus que cette châtellenie de Bellême, ne pouvant donner un témoignage trop authentique de sa satisfaction et de sa reconnaissance des services rendus par M. Berthereau, lieutenant général à Mortagne et député pour la châtellenie de cette ville, qui a principalement contribué à faire rendre l'arrêt dont il s'agit, et lui fera connaître ses sentiments particuliers à cet égard en cette ville, s'il y arrive avec M. de Fontenay, par les sieurs maire et échevins ; et, à Mortagne, par MM. de Savary, Fontaine, curé de Saint-Pierre, et Chartier, avocat du roi, qui seront priés de s'y transporter. Dont acte, et ont les dits sieurs comparants signé avec nous, maire et échevins. »

Un académicien n'a point rédigé la précédente délibération, dont le style demande grâce à chaque ligne. On doit même avouer que la noblesse et l'importance du sujet n'ont point inspiré la verve rhétoricienne du rédacteur ; ce qu'il vaut mieux observer, c'est la chaleur des sentiments dont le conseil est animé et l'empressement de reconnaissance pour les délégués de la province.

Dans cette délibération se trouve une ligne ainsi conçue :

« Sera réglé et payé suivant le pied du rachat dû aux seigneurs, suivant la fixation faite par l'article 39 de cette coutume du Perche. »

D'après l'article 39 de la coutume du Perche, l'impôt frappe avec une étonnante recherche tout produit de la terre saisissable. Cet article est certes bien ignoré de notre génération. En le reproduisant, malgré sa longueur, il ne sera pas sans instruction pour nos contemporains, ne serait-ce qu'à titre de comparaison avec les procédés fiscaux actuels, et nous faire quelque peu goûter, s'il est possible, le régime sous lequel nous vivons.

« La taxe et estimation des choses qui tombent en rachapt est par la dite coutume telle qui s'ensuit :

» L'arpent de pré gaignable, et à deux herbes en rivière, est estimé et se rachète dix sols tournois. Et s'il n'est qu'à une herbe, cinq sols tournois. L'arpent de terre à froment, cinq sols tournois. L'arpent de terre métail, trois sols quatre deniers tournois. L'arpent de terre à seigle, deux sols six deniers tournois. L'arpent de terre en pastures et bruyères, deux sols six deniers tournois. L'arpent de vigne, trois sols quatre deniers tournois. L'arpent de bois de haute fustaye, dix sols tournois. Et s'il est couppé par le vassal, pour la première fois se rachète pour bois de haute fustaye, et après pour bois taillis. L'arpent de bois taillis, cinq sols tournois. Le denier tournois de cens, un denier parisis. La rente se rachète pour semblable semme qu'elle se paye par chacun an. L'hébergement contenant un arpent au moins se rachète pour dix sols tournois. Et s'il contient plus d'un arpent, se rachète à la dite raison, eu égard à ce qu'il convient. Et si c'est chateau ayant douves à l'entour, se rachète pour soixante sols tournois : le patronage de l'église parrochiale ou chapelle se rachète pour soixante sols tournois. La fuye ou colombier, soixante sols tournois. La garenne à eaüe et connils, chacune soixante sols tournois. L'estang à une ou plusieurs bondes, soixante sols tournois. L'estang qui n'abonde se rachète pour chacun arpent cinq sols tournois. La justice, soixante sols tournois. Le moulin, soixante sols tournois. Chacun vassal, soixante sols tournois. Journée de corvée, deux sols six deniers tournois. Sceaux à contracts, soixante sols tournois. Marques et mesures, soixante sols tournois. Droicts de corvage, soixante sols tournois. Le four bannier, soixante sols tournois. Droict de coustume, soixante sols tournois. Droict de péage et travers, soixante sols tournois. Droict d'épaves, soixante sols tournois. Le chapon, quinze deniers tournois. La poule, dix deniers tournois. Le poulet, cinq deniers tournois. La livre de cire, trois sols quatre deniers tournois. La livre de beurre, cinq deniers tournois. Le fromage, cinq deniers tournois. Le boisseau de bled, cinq sols tournois. Le boisseau de mestail, trois sols quatre deniers tournois. Le boisseau de seigle, trois sols tournois. Le boisseau de febves, cinq sols tournois. Le boisseau d'avoine, vingt deniers tournois. Et à la mesure de la chatellenie de Mortagne, le boisseau de bled froment, mestail, seigle, pois, febves, se rachète à moitié des estimations des susdites. Et le boisseau d'avoine au tiers de la dite estimation d'avoine seulement. En laquelle chatellenie de Mortagne le septier de bled froment, orge, seigle, pois et febves, revient et se paye à huit boisseaux chacun septier. Et vaut chacun septier, mesure du dit Mortagne en terre, deux arpents. Et le septier d'avoine se paye douze boisseaux. Et vaut le dit septier avoine en terre, trois arpents. Et à Bellême, Nogent et autres lieux sujets aux dites coutumes, le septier de tous les dits grains vaut quatre boisseaux, et en terre un arpent. Lequel arpent en tout le païs du Perche doit contenir cent perches ; chacune perche vingt-quatre pieds, et chacun pied treize poulces. »

Le régime féodal, défunt d'hier, est déjà tellement oublié que nous ne savons plus un mot de ses us et coutumes ; sa langue elle-même n'est pas toujours comprise de prime abord. On a besoin d'un peu de réflexion pour saisir la signification du mot. *Rachapt* ou relief était un droit féodal que l'on payait au suzerain ou seigneur dominant, lorsqu'un fief — fief, terre concédée par un seigneur dominant à un vassal — passait par héritage à une branche collatérale. C'était un droit de mutation dont la quotité variait suivant les diverses coutumes ; il consistait quelquefois dans le revenu d'une année. Le mot relief venait du latin barbare *relevium*, parce que, en payant ce droit, on relevait le fief, c'est-à-dire que l'on avouait la certitude.

Les commissions de statistique, instituées dans chacun de nos cantons pour éclairer l'action économique du pouvoir, sont tenues de donner des renseignements très circonstanciés sur tout ce qui est possession, produits, multiplication. On est étonné de la multitude de questions posées auxquelles il faut répondre ; de la minutie des détails dans lesquels il faut entrer. En se reportant à l'article 59 de la Coutume du Perche, on voit que nos pères ont été nos maîtres dans la matière, et que nous n'avons rien à leur envier. Le fisc a été, est et sera éternellement le fisc.

Ne passons pas trop rapidement quelques détails :

« L'arpent de vigne, trois sols quatre deniers tournois. »

On chercherait vainement de nos jours un seul arpent de vigne dans le Perche. Les fameuses vignes de Vaunoise n'ont pas même été remplacées par aucune culture, et le terrain est resté désert. On ne manque pas dans le pays de petites localités appelées les Vignes, sur lesquelles la vigne a cessé d'être cultivée. Le faible droit de trois sols quatre derniers tournois indique le faible rapport de ce genre de culture.

L'église et la justice paient, et beaucoup.

Nous voyons de nos jours, sous des noms différents, quantité d'impôts payés jadis ; certains conservent leur même désignation.

Nous sommes délivrés, et personne ne s'en plaindra, de la servitude du four banal, où chacun devait cuire son pain en payant impôt au seigneur ; du droit pour le passage, du droit pour le transport de marchandises, du droit d'épave et quelques autres dont le sens n'est pas même bien clair.

Trois ans après avoir rendu ce premier service au pays, Berthereau en rendit un second bien autrement considérable, et qui lui fait le plus grand honneur. La tâche était difficile, le succès fut complet, et le pays dégagé d'un de ses impôts : l'impôt est toujours lourd pour qui le paie. Ce service valut à Berthereau estime et félicitations, honneurs publics ; on ne peut trop faire pour les citoyens qui ont si parfaitement mérité.

L'impôt de franc-fief dont il vient d'être parlé, et dont la fixation avait été réglée à la satisfaction des citoyens, car il était peu lourd, alors qu'il aurait pu l'être davantage et qu'on le craignait, était simplement un impôt illégal, l'une de ces arbitraires oppressions si communes sous l'ancien régime. Pour combattre le mal, voyons de nouveau à l'œuvre Berthereau et son fidèle de Fontenay, ardents tous deux pour la cause publique, obtenant à force d'efforts le redressement d'un abus datant de deux siècles ! Rien de plus enracinés et de plus incurables que les vieux torts, comme les vieux péchés.

Justice à tous : dans cette communauté de dévoûment, n'omettons pas le nom de Guérout des Cherbottières, que la ville de Nogent-le-Rotrou adjoignit à Berthereau, représentant Mortagne, et à de Fontenay, représentant Bellême. Ces trois députés du Perche, ardents à établir leurs droits, à faire agir les influences, à combiner leurs efforts, furent assez heureux pour obtenir, dans ce temps de détresse du trésor public, que le fisc lâchât sa proie, que le pays serait soulagé de l'impôt, de cet odieux impôt de franc-fief, et qu'il n'en serait plus question.

La longue délibération du 29 septembre 1784 explique bien l'état de l'entreprise, les efforts des représentants du

Perche, leur succès, la joie de tous, l'expansion de la reconnaissance publique envers les auteurs d'un si éminent service. L'assemblée devant laquelle fut expliqué le succès de l'entreprise était très nombreuse ; on n'y compte pas moins de vingt-six fonctionnaires, et il faut croire que c'était la totalité, et que la joie commune les avait enlevés à leurs bureaux ce jour-là. En plus de cette multitude de fonctionnaires, nous trouvons force notables. Ce nombre de notables nous embarrasse, car en consultant des élections faites antérieurement, et d'autres élections qui se feront plus tard, on est porté à considérer comme normal le nombre de dix notables. Il faut donc admettre que l'exécution du réglement n'était pas rigoureuse, et que la fixation des notables devenait élastique suivant les circonstances. Dans l'assemblée du 29 septembre, les assistants sont nombreux presque arbitrairement. On retrouve ce même arbitraire encore accru dans une assemblée postérieure de cinq ans, à l'occasion d'une décision prise contre Bayard de la Vingtrie, où viendront figurer, à la suite des notables, des gens de toutes classes et des plus infimes de la société.

Fidèle à notre habitude adoptée, nous transcrirons l'original d'une délibération d'un temps qui n'est plus, d'une société qui n'est plus nôtre, expression de mœurs qu'il est bon de connaître et de comparer avec celles d'autres époques. Rien dans ce long procès-verbal ne doit être dédaigné ; nous le recommandons.

« Aujourd'huy mercredi, 29 septembre 1784, devant nous Louis-Jacques-Bayard de la Vingterie, conseiller du roi et de Monsieur, lieutenant général au bailliage de cette ville, et Louis-François Lancelin, conseiller du roi et de Monsieur, conseiller au bailliage et échevin ; d'après les invitations faites en la manière accoutumée, sont comparus M. Noël-Philippe Fontaine, curé de Saint-Pierre de cette ville ; M. Courceuil, curé de Saint-Sauveur ; M. Antoine Maisonnier, prêtre habitué à Saint-Sauveur ; M. Jean Petibon, aussi prêtre habitué à la dite paroisse de Saint-Sauveur ; M. Louis-François de Savary, chevalier de l'ordre de Saint-Jean-de-Jérusalem ; M. du Mouchet, escuyer, chevalier de l'ordre royal et militaire de Saint-Louis ; Messire Alexandre de Tascher, ancien capitaine d'artillerie, chevalier de l'ordre royal et militaire de Saint-Louis ; M. Thomas-Nicolas Chartier, lieutenant général de police et ancien maire de cette ville ; M. Petigars de la Garenne, ancien président de l'élection du Perche ; M. de la Vie, maître particulier des eaux et forêts de cette ville ; M. Claude Girey du Homme, lieutenant général honoraire du bailliage et ancien maire de cette ville; Messire de Saint-Maixent, escuyer; M. Thoumin, avocat en parlement; M. Piarron de Mondésir, aussi avocat en parlement; M. Berthereau de Maupas, contrôleur des actes de cette ville; M. Chandru, docteur en médecine; M. Pierre Gosnet, notaire du comté de Clinchamp; M. Rebours, procureur du roi au grenier à sel en cette ville; M. Ballot, greffier au bailliage; M. Clinchamp, greffier des eaux et forêts; M. Morin, notaire; M. Guillin, conseiller à l'élection; M. Chartier-Desrieux, avocat en parlement; M. de Saint-André, ingénieur de cette généralité: les sieurs Cohin, négociant; Châtin, négociant; Foisil, marchand cirier; Triget-Duhamel, marchand; Binoit, bourgeois; Jacques Petibon-Paty, marchand; Périer, négociant, Gautier, marchand de vins et notable de cette ville; Bry, bourgeois; Bry le jeune, bourgeois; Gaulardière, ancien greffier des eaux et forêts de cette ville; de la Grêlerie, bourgeois; Geslin, bourgeois; Petibon, changeur du roi; Petibon, marchand; Vaudron, laboureur et notable, et plusieurs autres soussignés; en présence de M. Coru de la Goiberie, procureur du roi;

» Lesquels, d'après une communication à eux faite d'une lettre adressée à messieurs les officiers de cet hôtel de ville, de la part de MM. de Fontenay et Berthereau, députés de cette province, à l'occasion des francs-fiefs, ont appris, avec la plus vive satisfaction, que cette grande affaire, qui intéressait si essentiellement la province, venait enfin d'être terminée; qu'on avait obtenu des lettres-patentes en forme de déclaration qui éteint la grande querelle existante dans cette dite province pendant deux siècles, sur la vraie nature de nos fiefs-bursaux, que le roi vient de déclarer roturiers; et qui, comme tels, les exempte du droit de franc-fief à perpétuité, et de tout droit représentatif d'icelui; et qu'enfin toutes les aliénations et démembrements des fiefs faits jusqu'à ce jour, soit à titre de fiefs-bursaux, soit à droit de cens, sont valides et confirmés, quoique faits en contravention de la coutume de ce pays.

» Comme la ville de Bellême doit être autant flattée de la gloire d'avoir produit de son sein ces généreux citoyens, que de l'honneur dont ils se sont couverts eux-mêmes par cet heureux événement, elle croit être aussi la première et la plus empressée à leur donner des marques publiques de son attachement et de sa vive reconnaissance.

» Les dits sieurs délibérants, considérant donc le sacrifice volontaire que ces dignes citoyens ont, pour voler au secours de la patrie, fait de leur tranquillité particulière, de leur fortune et même de leur propre santé, puisque l'un d'eux vient d'éprouver, par l'excès de son travail, une maladie longue et dispendieuse, sont entièrement persuadés que, si la province a pu obtenir de la bonté du roi et de la justice du ministre l'abolition du droit de franc-fief, ils en sont redevables à leur zèle patriotique. Peu effrayés de la multiplicité des obstacles qu'on leur a opposés et qu'ils ont surmontés, ni des difficultés sans nombre qu'on leur a fait succéder les unes aux autres et qu'ils ont levées, ils ont enfin la douce et inexprimable satisfaction de voir leurs travaux couronnés du plus heureux succès, et de mériter par là le titre de libérateurs de la patrie. Mais trop modestes et trop sincères pour vouloir conserver à eux seuls la gloire de la réussite, ces honnêtes patriotes en font rejaillir la plus grande partie sur M. le premier président Aligre et M. le président de Fleury, en nous disant que, si leur travaux et leurs peines ont été suivis de succès aussi prompts et aussi étendus, ce n'est qu'à la protection toute particulière de l'un et aux soins empressés de l'autre qu'ils en sont redevables.

» Flattés de pouvoir donc partager avec eux les mêmes sentiments de respect et de gratitude si bien mérités envers les illustres magistrats, dont le nom et la mémoire seront à jamais chers et en vénération dans la province du Perche, les dits sieurs délibérants ont résolu et arrêté d'une voix unanime. . . . . »

La rédaction du procès-verbal du 29 septembre est l'œuvre expressive d'un procureur frais sorti de son collége, bien pénétré de ses auteurs latins et très épris d'amour patriotique. On applaudira sans réserve à la chaude expansion de la reconnaissance publique, qui s'exprime par des termes plus simples et d'une franche cordialité. Les habitants, d'une voix unanime, dit la délibération, donnent libre cours à leurs nobles sentiments par les mesures suivantes :

« Premièrement, qu'il soit écrit au plus tôt à MM. les députés, au nom de cette ville, pour leur témoigner tous les sentiments d'amour et de reconnaissance dont l'a pénétré le zèle infatigable avec lequel ces messieurs ont poursuivi cette affaire intéressante, et les complimenter sur la réussite ;

» 2º Qu'il sera pareillement écrit à M. le premier président d'Aligre et à M. le président Joly de Fleury, pour les remercier du vif intérêt qu'ils ont montré tous deux pour faire réussir et prospérer l'entreprise et le travail de MM. les députés, ainsi que la protection particulière dont ils ont bien voulu honorer cette province ;

» 3º Que, pour indemniser MM. les députés, qui résident à Paris depuis environ six mois à la suite de cette affaire, des dépenses considérables qu'ils ont été obligés de faire, tant pour leur existence personnelle qu'en frais de secrétaire, impressions, consultations, voitures et autres déboursés inséparables de pareille commission, il sera adressé à M. le contrôleur général un placet pour le supplier d'ordonner que cette indemnité, qui ne peut guère être moins que de huit mille livres pour chacun des deux députés, soit levée et prise sur les fonds libres et variables de la généralité d'Alençon ; et cela avec d'autant plus de raison, que cette province n'a aucuns fonds patrimoniaux pour y pourvoir ;

» 4° Qu'il sera également référé à M. l'intendant de la présente délibération, en le priant de vouloir bien se prêter à la levée de cette dite somme de huit mille livres, de la manière qu'il est indiqué ci-dessus ;

» 5° Enfin que, pour perpétuer par la suite le souvenir d'un événement aussi glorieux à MM. les députés qu'avantageux pour la province, il sera érigé un monument public qui consistera dans un médaillon en marbre, lequel sera placé dans cet hôtel de ville, sous le bon plaisir de Monsieur, et sur lequel il y aura une inscription analogue à la circonstance ; que, de plus, on fera frapper une centaine de jetons dont la légende fera pareillement mention de cet événement, et desquels on formera une bourse pour être offerte, au nom des habitants, par le corps de cet hôtel de ville ; lesquels jetons seront frappés, ainsi que le médaillon, à la diligence de M. le curé de Saint-Pierre et de M. Guillin, qui ont bien voulu s'en charger. »

Telle est cette remarquable délibération en son entier, enthousiaste et naïve, en la comparant au peu que nous sommes capables de faire aujourd'hui. La reconnaissance publique est large dans sa manifestation ; elle n'est pas moins expansive qu'empressée pour récompenser les honorables serviteurs des intérêts de la province : lettre de remercîment envoyée à l'instant, politesse envers les présidents d'Aligre et de Fleury, indemnité en argent généreuse, monument commémoratif permanent établi dans la salle de l'auditoire, afin que personne n'ignorât et ainsi perpétuer devant tous la mémoire du service ; rien ne manque à l'hommage public. Le monument, qui a dû subir le passage et l'offense d'une révolution, subsiste encore ; il a été retrouvé oublié, perdu dans un grenier, mais dépourvu de sa gloire et odieusement défloré. Il consiste dans un très grand médaillon d'un mètre et demi de hauteur environ, ovale, en marbre noir, entouré d'un large cadre doré. Sur le marbre est figuré un écusson surmonté d'une couronne, et en son centre trois anneaux. L'écusson a pour support des cornes d'abondance ;

des palmes circonscrivent l'écusson et descendent embras-
sant la totalité du médaillon, au centre duquel est gravée
cette inscription :

Perticus
ope et indefesso labore
DD. P.-J. de Fontenay equitis
clarissimi
et Antonii-F. Berthereau
apud Mauritanienses
consulti præsidis
A.-F. feudi tributo
in perpetuum liberatus
in cujus rei memoriam
memores ac grati
hoc posuere monumentum
Bellismenses
MDCCLXXXIV

Toute cette décoration est richement dorée et d'une belle
exécution.

Les jetons sont en argent de trois centimètres de diamètre.
Sur une des faces est la bonne figure du roi, encore heureuse
alors, avec l'inscription : *Ludovicus XVI rex christianus.*
Sur l'autre face, un écusson avec trois anneaux allégoriqnes
au centre et des guirlandes. Au-dessous est inscrit :

Perticus
A.-F. feudi tributo
ope DD. P. de Fontenay
et Ant. Berthereau
exoneratus.
Bellismenses
1784.

Si Bellême eut des transports d'allégresse pour recevoir
ses députés et s'ingénia pour leur faire fête, la ville de Mortagne ne se montra pas moins sensible. Elle voulut, afin
de perpétuer la mémoire du succès de cette rédemption
financière, qu'une pyramide monumentale de douze pieds de
haut sur six de large fût érigée dans la salle de son hôtel de
ville. Un bas-relief représentant Clio, muse de l'histoire,
couvrait la base de la pyramide; cette muse ajoutait à ses
tablettes historiques la date du 23 septembre 1784 et la
déclaration du roi concernant les fiefs-bursaux.

Un poète de la localité avait ajouté sur le socle les vers
suivants :

Vertueux citoyen qui, du peuple et du prince,
Avez concilié les divers intérêts,
Mortagne accomplissant le vœu de la province,
A la postérité conserve vos bienfaits.

Plus bas était gravé :

> MM. A.-F. Berthereau, lieutenant général de Mortagne, capitaine de la province du Perche, et P.-J. de Fontenay, écuyer, chevalier de l'ordre royal et militaire de Saint-Louis, députés en 1784.

> Erigé l'an 1785, de l'agrément de T. H., T. P. et T. Ex. Prince, Monsieur, fils de France, comte du Maine et du Perche.

L'inauguration du monument, 8 novembre 1785, fut jour de fête générale à laquelle ne manqua rien : félicitations à l'heureux Berthereau, prise d'armes, illumination des rues, abondantes distributions aux pauvres.

Lors de son retour en 1784, Berthereau avait été l'objet d'une ovation citoyenne digne d'un triomphe cousulaire dans l'ancienne Rome ; il avait été salué du titre de père de la ville et de la province. Une inscription avait été placée au-dessus de son portail :

> *Hic urbis, hic provinciæ pater.*

On fit plus : un service complet d'argenterie lui fut offert par la ville, et chaque pièce portait gravée l'inscription honorifique suivante :

Quod apud Perticenses, feudæ-bursalia a jure regali liberatæ sunt ope de Berthereau, hæc grati animo obtulerunt Mortanienses : Les habitants de Mortagne offrent ce témoignage de reconnaissance à Berthereau, qui les a délivrés du droit royal des fiefs-bursaux.

Nous rapprocherons de ces démonstrations de la province une démonstration civique récente, à titre de comparaison. On vient de voir comment nos pères savaient sentir et donner libre cours à la vivacité de leurs sentiments ; par le régime d'égalité sous lequel nous vivons, nous ne sommes plus capables d'élans pareils. Les avantages aristocratiques, jadis privilége de quelques-uns, sont maintenant le don de tous. L'ouvrier le plus humble se sent aussi noble que qui que ce soit, et l'égal de l'homme le plus méritant par son savoir et ses vertus. Jaloux de maintenir le niveau d'égalité, nous ne souffrons pas volontiers que l'un de nous reçoive une distinction honorifique qui lui fasse dépasser le niveau commun. Récemment, au même lieu où l'on rendait à de

Fontenay et à Berthereau des honneurs si élevés, un maire, après quinze ans d'exercice passés dans des circonstances difficiles, et après une administration laborieuse et utile, était l'objet d'une démonstration d'une simplicité spartiate, et qui semblera froide après ce que nous avons lu précédemment :

« Le conseil municipal, sur le point de terminer son exercice légal, témoin pendant cet exercice des efforts constants et salutaires de son maire, voulant lui donner un témoignage d'estime et de reconnaissance pour les services qu'il a rendus, le prie d'accepter la présente déclaration comme un souvenir de satisfaction ; désire qu'elle lui soit agréable et que inscription en soit faite sur le livre des délibérations du conseil municipal. »

Et il y eut plus d'une protestation contre ce vote si modeste dans son expression.

C'est générosité, c'est devoir d'honorer les citoyens qui servent leur pays en lui consacrant temps, savoir, soins, souvent en lui offrant le sacrifice des intérêts personnels. Mais il est permis au narrateur des événements d'en considérer le côté philosophique, et de juger l'enthousiasme civique à sa juste valeur. Et, pour cette fin, regardons ce qui est advenu presque au lendemain de ces événements ; laissons passer quelques années, peu d'années, et voyons à quoi aboutit l'explosion de reconnaissance dont nous avons été témoin. Une fois de plus assistons à une triste leçon, et apprenons, si nous n'en sommes pas instruits par avance, combien est rapide et fugace ce feu de l'amour populaire ; combien sont mouvants et variables les sentiments publics ; comme la mer sans cesse ondulante, comme le vent du ciel oscillant vers tous les points de l'horizon. Aujourd'hui on cherche en vain la trace d'aucun des monuments édifiés pour dire à tous la gloire de tels et tels citoyens de Bellême. L'esprit jaloux et niveleur s'attaqua au témoignage matériel qui rappelait, ici, l'homme de savoir ; là, l'homme de bien ; ailleurs, le patriote dévoué. Le beau et riche médaillon, si bien conquis par Berthereau et de Fontenay, de bonne heure fut retiré de l'auditoire, sa place d'honneur, et relégué au grenier, abandonné sous les humilités du lieu. Il subsiste encore, mais en quel état de profanation ! Une main fanatique s'est acharnée sur ce marbre dont le seul crime était de rappeler une belle action ; le ciseau a détruit la couronne civique, les trois anneaux symboliques d'union des trois châtellenies de Bellême, de Mortagne, de Nogent-le-Rotrou. La même destruction a ravagé la longue inscription qui rappelait le loyal sentiment de la cité, le dévoûment de deux de ses enfants.

La destruction est telle, qu'il est difficile de la rétablir par la pensée, encore qu'on la connaisse d'avance. Les palmes d'entourage, les cornes d'abondance seules ont échappé à la mutilation. Tel est le triste reste de cette ovation si éclatante, de cet honneur si justement mérité.

En ce temps de déchéance, cette mutilation ne fut pas la seule. Un ancien maire de Bellême, le chevalier de Savary, avait mérité une récompense civique pour sa bonne administration : un mai d'honneur avait été élevé à la porte de son hôtel.

Nous avons la douleur de nous trouver en présence d'une démarche significative, faite à la municipalité de Bellême par madame de Savary, afin d'obtenir, comme faveur, le renversement du mai d'honneur conquis par son mari ; elle invoquait le motif de la paix publique !

« 13 juin 1791. — Le corps municipal assemblé en la personne de MM. Mousset, maire ; Chartier, Chatain, Rebours et Rigaudaux.

» S'est présentée madame de Savary, laquelle a requis du corps qu'il lui fût décerné acte de la déclaration qu'elle prend pour elle et pour M. de Savary, son mari, de l'intention où ils sont, pour éviter tout trouble qui pourrait naître à l'occasion du mai qui leur a été donné par les citoyens de cette ville, de faire abattre le dit mai ; prient la municipalité, dans le cas où elle ne se porterait pas à favoriser leur vœu pour l'instant, de les instruire, aussitôt qu'ils seraient prévenus, si un vœu des habitants ou aucun d'eux était de supprimer le dit mai, qui cependant leur est cher, autant dans l'instant présent qu'au moment où il leur fut donné, et que le sacrifice qu'ils en faisaient ne serait que pour le bien public et pour la tranquillité de la rue. De laquelle déclaration, conformément aux conclusions du procureur de la commune, il a été donné acte à la dite dame de Savary, ce qu'elle a signé avec nous.

» DE SAVARY, née LEBRETON ; MOUSSET, GOT, DEMARCEY. »

Nous copions exactement ce procès-verbal, il est un enseignement. La moralité publique baissait, et la grammaire n'y gagnait pas.

De la part du corps municipal nouveau se composant d'éléments démocratiques, aucune parole d'encouragement pour rassurer madame de Savary, rien qui indique qu'il lui sera donné aide et protection pour le maintien de son droit. M. de Savary a été honoré, donc il est exposé dans sa tranquillité, dans sa sécurité ; la demande de madame de Savary, si noble, faisant le sacrifice de ce qui lui est cher à cause de la paix, est enregistrée froidement ; on dirait une condamnation. Les temps sont changés.

Nous cherchons vainement la trace d'un autre monument qui a été ou qui a dû être construit sur la place du Château. L'existence de ce monument nous est révélée par le document suivant :

« 20 avril 1792. — Devant nous, maire et officiers municipaux, etc., est comparu M. Petibon-Bénardière, lequel a représenté le compte de tous les deniers provenant de la quête qui avait été faite pour l'établissement d'une pyramide sur la place du Château, montant à la somme de 938 livres, sur laquelle somme a été payée par M. Lancelin, à qui l'argent avait été remis lors de son départ pour l'assemblée nationale, une somme de 200 livres et autres deniers pour être employés, l'hiver prochain, à faire travailler les pauvres à la butte du Château, par adjudication au rabais et au moyen de la réunion. . . . . . »

A l'occasion de quoi ce projet de pyramide ? Il ne nous a pas été donné de le savoir. Nous présumons que quelque grave fait révolutionnaire en a été l'instigateur ; mais lequel ? Si la pyramide a été élevée, elle a subi le sort du médaillon Berthereau-de Fontenay et du mai du chevalier de Savary.

Aujourd'hui, on chercherait en vain sur la place du Château aucune trace de monument ; sa profonde solitude n'est troublée qu'une fois la semaine par les marchands de grains et de bestiaux. Vous étonnerez fort les quelques habitants du lieu en leur demandant la trace du moindre débris de ce lieu célèbre, qui fut le centre d'une ville fortifiée, capitale d'une province, puissante à son tour, dans laquelle se sont accomplis des faits importants, se sont agités de graves intérêts. La ville est la plus pauvre de la province en restes antiques, et, par une manie malheureuse de destruction, on s'est hâté de supprimer ce qui rappelait le vieux Bellême puissant et glorieux. Ce qui en restait voilà cinquante ans, donjon, tourelles, quelques fortifications, tout a disparu : sur la place dite du Château, le désert absolu et rien de plus. Gloire des hommes et des choses, comme elle passe ! Ne ressemble-t-elle pas aux feux follets qui tombent de la nuit, et qu'on prendrait pour des étoiles dans l'illusion du soir ?

Berthereau, rentré en 1784 dans sa lieutenance générale, continua à remplir les devoirs de sa charge, sans en être distrait par des soins étrangers. Les registres de l'état civil du bailliage de Mortagne sont encore cotés par lui en 1791 ; puis on perd sa trace d'une manière définitive. C'est qu'en effet une nouvelle organisation judiciaire venait d'être décrétée ; l'institution de bailliage était supprimée et le rôle de ses fonctionnaires terminé. A notre regret il nous est impossible de suivre la carrière de Berthereau jusqu'à la fin, nous en sommes réduits aux renseignements oraux, ressource peu positive. Privé de sa position, Berthereau se serait retiré à Versailles chez un parent, peut-être son frère, et ce serait dans cette ville que la mort est venue l'atteindre en 1806 ou 1808.

Suivant ce qui nous est transmis, Berthereau aurait supporté sa disgrâce et son isolement avec peu de résignation, son caractère se serait aigri. La nouvelle position de Berthereau, en effet, devenait dure pour lui : fonctionnaire d'un ordre élevé pendant vingt ans, homme instruit, habitué à une vie remplie par le travail, portant une couronne civique au front, son subit isolement lui devenait blessure profonde. Berthereau avait rendu des services éminents au pays ; il devait espérer d'être porté aux états-généraux de 89 par les citoyens qu'il avait servis : il fut oublié. Sa grande pratique des affaires le rendait un homme précieux dans la nouvelle administration judiciaire où sa place était nécessairement marquée : il fut exclu. Berthereau appartenait à l'ancien régime par sa position ; il devait aimer la royauté qui deux fois lui avait été bienveillante dans des circonstances solennelles ; lui, l'homme de la loi, du calme de la place publique, pût-il voir sans émoi, sans impatience, sans bouillonnement plus ou moins contenu les agitations de la révolution naissante, ses actes tumultueux ?

Il en résulta des froissements inévitables entre l'administrateur et les administrés, des tiraillements, des animosités qui font oublier les meilleurs mérites ; des haines, des rancunes municipales qui se retrouvent à l'occasion et se traduisent par des actes au premier incident survenu. Berthereau fut le vaincu du droit et de la justice, nous le craignons.

Berthereau, le lieutenant général, eut un frère digne de lui. Georges-François Berthereau naquit à Bellême le 29 mai 1732. Jeune encore, il entra dans la congrégation de Saint-Maur ; ses chefs lui reconnaissant du talent lui demandèrent une histoire des croisades, préparée avec des documents pris sur les lieux en Orient. Georges Berthereau se livra à cette tâche avec une rare ardeur. Son premier soin fut de se rendre familières les langues de l'Orient ; il y acquit un grand savoir, et sa réputation d'orientaliste savant était bien établie. Les matériaux qu'il accumula, ses manuscrits ont pu être sauvés, la bibliothèque impériale les possède : ils ont coûté trente ans de travail et de recherches à l'auteur.

Georges-François Berthereau mourut à Paris, le 26 mai 1794, dépouillé, pauvre, abreuvé de douleurs. En effet, sa chère congrégation qui l'avait élevé, qui l'avait traité en fils, qu'il considérait comme sa famille, n'existait plus par décret révolutionnaire. Ses travaux de prédilection comme orientaliste, il n'était plus à même de les continuer. Ses précieux manuscrits, œuvre de tant de soins, de recherches, d'efforts, qu'allaient-ils devenir? En quels mains tomberont-ils? Auront-ils la fortune d'être sauvés? Son esprit se troublait en présence de toutes les angoisses de la patrie en deuil. La société en dissolution trouverait-elle assez de sève, assez de vitalité pour se relever de la barbarie où certains hommes l'avaient plongée? C'est dans ces angoisses d'esprit que mourait le savant Georges Berthereau.

François-Antoine Berthereau, le lieutenant général, était fils de maître Georges-François Berthereau, conseiller du roi et son avocat aux siéges royaux de Bellême et la Perrière, et de dame Anne Girard, son épouse. Il naquit à Bellême, le 14 juin 1733, et se trouvait ainsi le frère cadet de l'orientaliste; il vit le jour, paroisse Saint-Sauveur, rue Saint-Michel, n° 10.

La génération de Berthereau n'a laissé dans le pays aucun membre pour maintenir l'honorable nom Berthereau.

Il n'a pas échappé à la sagacité du lecteur que l'histoire d'Antoine Berthereau était aussi celle de l'état municipal de Bellême, pendant une période de quelques années. Cette histoire peut être continuée dans la personne de son successeur à la lieutenance générale, pendant une autre période qui atteint et comprend l'époque révolutionnaire. Cette étude aurait bien son instruction; le drame en est plein de péripéties et les documents ne manquent pas. On est assez près de ce temps pour le connaître suffisamment, et assez éloigné pour le juger avec impartialité. Pourquoi, à son tour, cette histoire ne serait-elle pas entreprise sous le nom de celui qui fut si près de devenir une victime de l'échafaud, et qui eut de commun avec Berthereau le droit de se plaindre de l'injustice des hommes?

Dr Jousset.

Mortagne. — Imp. Daupeley Frères.

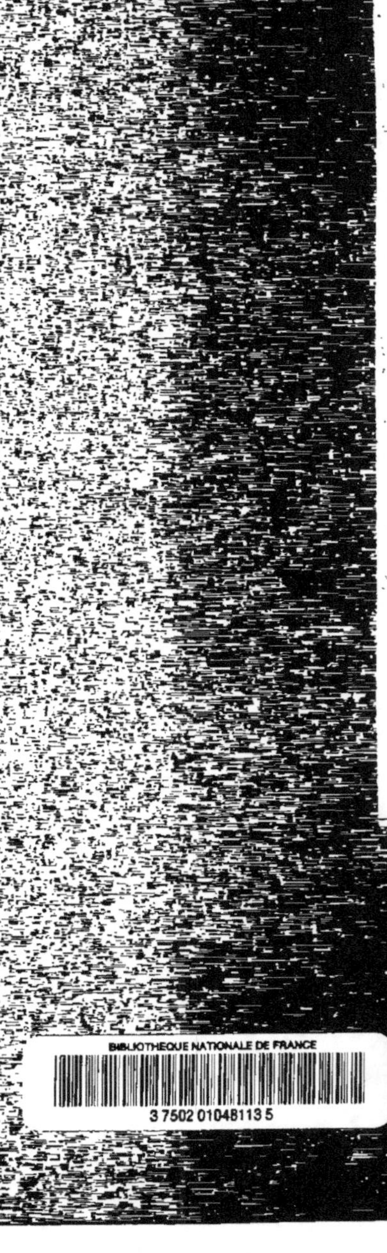